# 皇室タブー

篠田博之
（月刊『創』編集長）



創出版

## 皇室タブー　目次

# はじめに

本書に収録したのは1980年代以降の「皇室タブー」のありようを示す事件の数々である。私が約40年間、編集長を務める月刊『創《つくる》』は、皇室タブーと差別表現をめぐる事件は積極的に誌面化する方針をとってきた。それら二つは、日本の言論・報道の歪みを象徴するもので、それをめぐる具体的事例を追うことがマスメディアの一断面を探ることになるからだ。

それらの事例については、いずれ単行本にまとめたいと思っていたのだが、それをこの2019年にやらねばならないと思い立ったのはほかでもない。平成から令和へという改元と天皇代替わりをめぐる一連の報道が、あまりにひどいのではないかと驚いたからだ。

令和への改元にあたって、令和饅頭《まんじゅう》などのあやかり商法や、ハロウィンのようなお祭り騒ぎが起き、テレビは競ってそれを報じたのだが、元号が変わることが市民にとってある種のお祭りのように捉えられるのも悪いことではないだろう。でもそれをうんざりするほど何日も続けたり、それだけで報道を終えてしまっては幾ら何でも問題だろう。

約30年前の昭和から平成への改元の時には、象徴天皇制のあり方といった議論がテレビや新聞でもっとなされたものだ。

今回も新聞は比較的そういう報道を行ったが、扱いも小さく、その問題を社会に問いかけようという意欲があまり感じられなかった。30年前は昭和天皇に対するタブー意識もあって、天皇制について論じること自体に多少の覚悟がいる時代だったが、それゆえにこそメディアは意識的にそのテーマを取り上げようとした。

でも今回は、たぶんテレビでそういう問題をとりあげても視聴率がとれないという判断からなのだろう。お祭り騒ぎだけで報道が終わってしまっている感がある。いったいどうしたことなのだろうか。ちょうど同じ時期、週刊誌を賑わせていたのは、秋篠宮家の長女の結婚延期騒動だった。この騒動も予想外に長期化し、新時代を迎える皇室の喉《のど》に刺さった骨のようになっているのだが、実はこの騒動には、象徴天皇制のありようや、皇室の近代化とは何なのかという本質的な問題が内包されている。

ところがその騒動も、面白おかしく経緯が報道されるだけで、その背景にどういう問題が内包されているかという本質的な議論になかなか至っていない。そのひとつの理由は、新聞・テレビの大手メディアが、基本的に宮内庁の発表を伝えるだけに終始しており、それゆえに騒動がもっぱら週刊誌などの芸能マスコミの独壇場となっているという事情があげられる。何よりも気になるのは、週刊誌がこの間、小室家叩きという一色に染まっていることだ。

本書では、そういう状況が、偶然そうなっているのではなく、皇室報道の歴史的経緯に根差していることを指摘したいと思う。

いったい、「菊のタブー」と言われるものは、昭和~平成~令和という時代の移り変わりの中で、どのように変容してきたのか。そしてそれは、象徴天皇制のありようと、どういう関わりを持ってきたのか。そういう問題を考える糸口を提供しようというのが本書の目的だ。

ちょうど2018年7月から、ノーベル賞作家・大江健三郎さんの『大江健三郎全小説』が講談社から刊行され始めたが、その第1回配本は第3巻だった。なぜ第3巻から配本を始めたかといえば、恐らくその巻には、封印されてきた大江さんの作品「セブンティーン」第2部の「政治少年死す」が収録されていたからではないだろうか。

大江さんは雑誌『文學界』1961年1月号に「セブンティーン」を発表し、2月号にはその第2部として「政治少年死す」を発表した。1960年10月に浅沼稲次郎社会党委員長を刺殺した17歳の山口二矢《おとや》少年をモデルにしたとされるその小説には、右翼団体から激しい抗議がなされ、『文學界』は2月発売の3月号にお詫びを掲載。「セブンティーン」はその後書籍化されたが、「政治少年死す」は封印された。

本書を出すにあたって国会図書館を訪ね、当時の『文學界』を閲覧した。驚いたことに61年3月号のお詫び文は1ページ大の大きなものだった。「謹告」と題されたその一文はこう結ばれていた。

「虚構であるとはいえ、その根拠になった山口氏及び防共挺身隊、全アジア反共青年連盟並びに関係団体に御迷惑を与えたことは卒直に認め深くお詫びする次第である。

昭和三十六年一月二十日　文學界編集長　小林米紀」

約60年前に書かれたその一文からは、当時の編集部の苦渋の思いが強く伝わってきた。

当時、『中央公論』1960年12月号（11月10日発売）に掲載された深沢七郎さんの小説「風流《ふうりゅう》夢《む》譚《たん》」に対して右翼陣営が憤り、激しい抗議を繰り返し、61年2月1日に中央公論社の嶋中鵬二社長宅に右翼が侵入し、家人を殺傷するという事件が起きた。刺されたお手伝いさんが死亡するという、その言論テロは、中央公論社はもとより、出版界全体に大きな衝撃を与えた。恐怖が出版界を覆う中で、幾つかの小説が封印されたり、天皇制を特集した雑誌が発売中止になったりした。

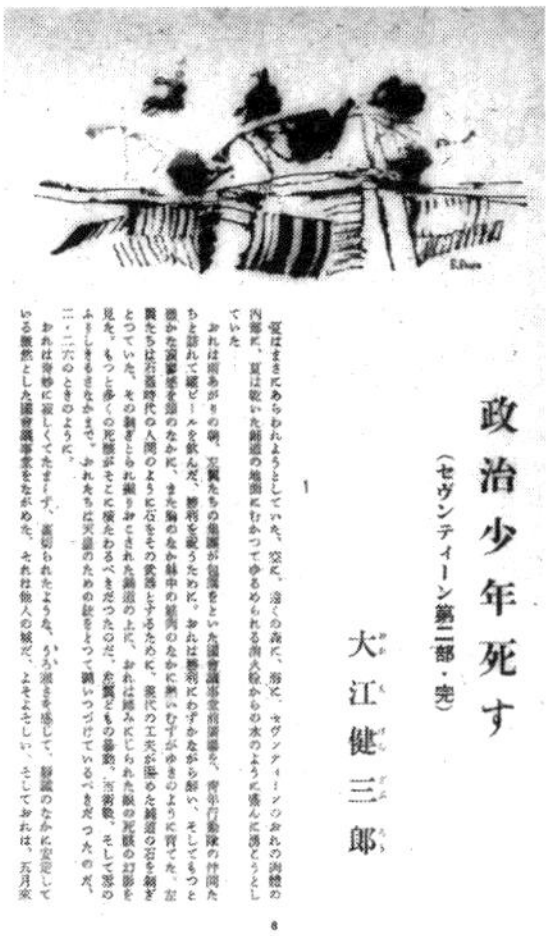


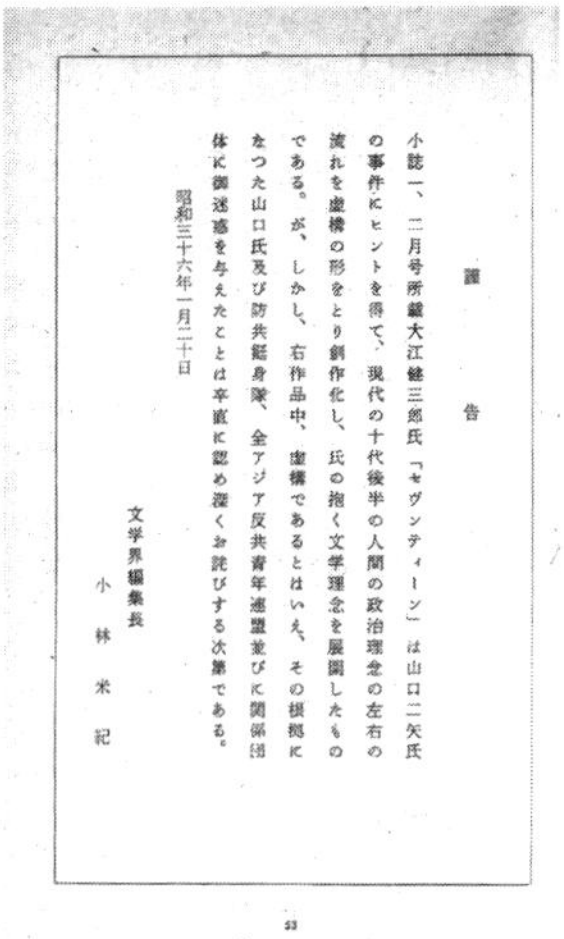

謹告

小誌一、二月号所載大江健三郎氏「セヴンティーン」は山口二矢氏の事件にヒントを得て、現代の十代後半の人間の政治理念の左右の流れを虚構の形をとり創作化し、氏の抱く文学理念を展開したものである。が、しかし、右作品中、虚構であるとはいえ、その根拠になつた山口氏及び防共挺身隊、全アジア反共青年連盟並びに関係団体に御迷惑を与えたことは率直に認め深くお詫びする次第である。

昭和三十六年一月二十日

文学界編集長
小林米紀

『文學界』1961年2月号『政治少年死す』（左）と3月号「謹告」（右）

「政治少年死す」を収録した『大江健三郎全小説』第3巻は、この作品が封印されてきた経緯や作品の意義について、2つの解説を計30ページ以上にわたって掲載している。この解説自体がなかなか興味深いものだが、私が気になったのは、「政治少年死す」がなぜ60年間も封印されたままだったのかということだ。

本書第1章に書いたが、実は同じく封印されてきた「風流夢譚」も2011年に電子書籍として復刻されている。正確に言えば、それまでにも「風流夢譚」も「政治少年死す」も海賊版のようなものは出されたのだが、正式な形で再び世に出たのは、封印されてから初めてだった。

「風流夢譚」の方は、さすがに今でも紙の本として刊行するのは難しいのではないかと思われる内容だが、「政治少年死す」は、この作品がなぜ今日まで封印されていたのか、読んだ人は首を傾げるに違いない。

それは恐らく、皇室タブーとか言論テロといったことへの関心そのものが風化していったことに原因があるのではないだろうか。つまり敢えて封印を解こうとする試み、そういう意識そのものが希薄になっていったからではないかと思う。

私が出版社に勤務するようになった1970年代後半は、76年に中村智子さんの『「風流夢譚」事件以後』、83年に京谷秀夫さんの『一九六一年冬「風流夢譚」事件』が出版され、その事件について関心が高まっていた時代だった。私もそれらの本を読み、1961年のその言論テロが、その後も出版界に大きな影を落としていることを知らされた。出版の仕事というのは、そういうものと対峙することなのだなと、駆け出し編集者なりに胸に刻み込んだ覚えがある。

ちょうどその頃、1980年には、『創』とつきあいのあった『噂の眞相』の「皇室ポルノ」事件が起き、岡留安則編集長を刺殺せんとする者が新宿ゴールデン街を徘徊《はいかい》しているという噂も流れていた。皇室タブーというのが、編集者の身近にある話題だった。

ちなみにその岡留さんは、2019年1月、肺がんで他界した。岡留さんの死そのものが、雑誌ジャーナリズムをめぐる一つの時代が終わろうとしている象徴のように思えるのだが、いずれにせよかつての関心事はその後、多くの編集者にとって遠い世界のものとなっていったように思う。

「政治少年死す」が今日まで封印されたままだったのは、そういう時代の流れと関わっているような気がする。封印を解こうと努力しながらも解けなかったというのでなく、封印されていること自体への関心が薄れていった。そんな印象が強いのである。

皇室関連記事で出版物が回収されたりという事件は今でも時々起こりはするが、それは大半が出版社の自己規制によるものだ。何か事件が起こる前に、危ないからやめておけという力が作用してしまう。

本書はそうした自己規制による回収・差し替えといった事例も含めて、1980年代以降の皇室タブーに関わる事件を追ったものだ。思えばその40年の間に天皇は3代にわたって代替わりした。本書に登場する事件当事者も亡くなったり、リタイアした人が多い。でもそれをいちいち明記していくときりがないので、肩書はほとんど全て事件当時のままにした。

本書に何度も登場する元一水会の鈴木邦男さんとはもう長いおつきあいだが、鈴木さんは『創』が皇室タブーの特集を組む時には、よく登場して「皇室タブーなんてどこに存在するのだ」という論を張ってきた。つまり、今では皇室タブーと言われるものはほとんどが出版社の自己規制によるもので、言論に対する覚悟を失った編集者や記者がそう言っているだけだ、というわけだ。

それもまた当たっていると言わざるをえない。ただそうは言っても、皇室タブーと言うべきものが少なくとも昭和の時代までは重たい現実として日本社会を覆っていた、あるいは変容しながら今も覆っていると言ってよい現実もある。日本人特有のその歴史的なタブー意識とはいったいどういうものなのか。本書がそれを考えるひとつの手がかりになればと思う。

序章

# 「菊のタブー」とは何か

## 国会図書館でも欠本の『女性自身』

本稿を書くために、国会図書館と大宅壮一文庫で『女性自身』１９８８年10月11日号を探してみることにした。いずれも雑誌のバックナンバーが揃っており、出版関係者がよく利用するところだ。大宅文庫は、問い合わせたところ、その号が欠号であることをすぐに教えてくれたが、国会図書館の方は存在するという返事だったので、コピーをするために出かけていった。

ところが行ってみると、その号は欠本になっていた。１カ月分ごとに合本されて保存されているため、図書館スタッフは特定の号が欠けていると思わなかったらしい。しかし実際には、国会図書館の蔵書にも、『女性自身』のその号は欠落していた。なぜそうなのか、スタッフも見当がつかないようだった。

実は『女性自身』のその号は、発売前日にミスが発覚し、全面回収になったのだった。私は当時、発行元の光文社に取材に訪れて現物を見たが、その現物は当然、門外不出。さしあげるわけにはいかない、と言われた。

問題になったのは同誌に掲載されたたった1枚の写真だった。1枚の写真のために、同誌のその号は丸ごと存在しないことにされてしまったのだった。連載などの企画ものはもう1号後に再度掲載された。しかし、ニュースにあたる記事は全て、書店に並ぶこともなく封印されてしまったのだった。当然出版社には莫大な損害が出た。

問題の写真は、その年の9月8日、那須御用邸から帰京した昭和天皇が、原宿駅に到着した時に撮影されたものだった。当該号の見本が発売前日に社内に配られた時、あるスタッフはとんでもないミスがあることに気づいた。

写真が「裏焼き」になっていたのだった。裏焼きとは、ポジフィルムの表と裏を間違えて焼いてしまうミスで、左右が逆になるのだが、よく見ないと間違いに気づかない。その時も、印刷製本が完了するまで、誰も気づかなかったわけだ。気づいた瞬間、社内の関係部署は大騒ぎになり、全面回収が即決されたのだった。

この裏焼きが天皇でなければ、次号に丁重なお詫びが掲載されて済まされたかもしれない。ところがこの場合は昭和天皇の写真だった。なぜそれが大問題かといえば、着物の前合わせが左前になるのは死に装束《しょうぞく》だという言い伝えがあるからだ。

昭和天皇はその年の9月19日に吐血して闘病生活に入った。『女性自身』は、その吐血直前の天皇の元気な様子を掲載し、「国民のみんなが祈った！　陛下、どうかもう一度お元気に」との見出しをつけて発売しようとしたものだった。よりによってその企画に不吉なイメージを連想させるミスを犯してしまったのだった。

こうして『女性自身』の1988年10月11日号は発売中止となり、かつ国会図書館にも大宅文庫にも欠号になったまま、という状態になったのだった。ミスをした雑誌は、永久封印された。

## 『SPA!』猪瀬直樹記事が全面回収に

似たような話をもうひとつ披露しよう。昭和天皇はその闘病の後、1989年1月7日に他界する。そして昭和が終焉《しゅうえん》し、平成に切り替わった。

その平成元年2月9日号の『SPA!』が同様に発売中止、全面回収になったのだった。

後に東京都知事を務めた作家の猪瀬直樹さんが当時、同誌に「ニューズの冒険」という連載コラムを持っていたのだが、その号の見出しはこうだった。

「昭和天皇の遺体の保存方法は？

なぜ、火葬ではなく土葬なのか？」

『ミカドの肖像』で大宅壮一ノンフィクション賞を受賞して以降、猪瀬さんは天皇家についての専門家と目され、この原稿は、なぜ昭和天皇が土葬なのかを、天皇と埋葬の歴史をひもときつつ解説したものだ。これ自体なかなか興味深い内容だが、回収になったのはその内容のせいではなかった。見開き2ページのコラムの中に、1カ所だけとんでもない誤植が見つかったのだった。

この雑誌の場合は、前述した『女性自身』のように完璧な事前回収が難しく、かなりの現物が出回

全面回収になった『SPA!』1989年2月9日号の猪瀬直樹さんのコラム

ってしまった。ミスを発見するのが遅く、発見して大騒ぎになった時には、既に雑誌が書店に並んでしまっていたのだった。

発売当日、『SPA!』を発行する扶桑社の社員はもとより、印刷会社の社員まで動員して、書店から雑誌を回収したのだが、完璧とはいかなかった。大騒動になることは明らかだったため、その日の新聞朝刊に急遽《きゅうきょ》「お詫び」が掲載された。文面はこうである。

《二月二日発売『スパ!』の記事の一部に不穏当な誤植がありましたことを深くお詫び申し上げます。

平成元年二月二日　株式会社　扶桑社
大日本印刷株式会社》

このお詫びはなかなか興味深い。皇室タブーの何たるかを象徴的に示しているのである。まず大きな特徴は、「不穏当な誤植」という曖昧《あいまい》な表現で、どういうミスがあったか明らかにしないことだ。どういうミスだったかが明らかになると不測の事態を招きかねないからだ。

不測の事態とは、右翼団体が抗議に押しかけることだ。出版社にとっては、ミスをしたことよりも、そちらの方が深刻に受け止められる。よって、読んだ人がよくわからぬように曖昧な表現が使われるのだ。ただ、「不穏当な誤植」で回収となれば、業界関係者はピンとくる。ああこれは皇室関係だな、というわけだ。

**お詫び**

二月二日発売「スパ！」の記事の一部に不穏当な誤植がありましたことを深くお詫び申しあげます。

平成元年二月二日

株式会社 扶桑社
大日本印刷株式会社

1989年2月2日付全国紙に掲載されたお詫び

ミスのあった『ＳＰＡ！』の誌面を前ページに掲載した。問題となったのは、右ページの中段の小見出しだった。「大正洗脳の遺体保存には『朱』昭和天皇はドライアイス？・」。大正天皇が「大正洗脳」と誤植になっていたのだった。単純な入力ミスである。

当時、印刷所では、活版印刷が姿を消しつつある時期で、入力はデジタルで行われていた。印刷所のスタッフが入力ミスした誤植は、校正で編集者が気づいて修正が行われる。ところが、校了後に印刷をかける際に、誤って修正前のデータが使われてしまったらしい。印刷工程が活版からデジタルに移行する初期の段階では、時々あったミスである。大日本印刷が、お詫び文に名を連ね、回収作業にあたったのは、これがそういうミスだったからだ。

「天皇」と入力しようとして誤って「洗脳」と打ってしまうという、単純ミスだったが、打ち間違えた言葉が悪かった。大正天皇は死去直前、脳の疾患を患ったという通説もあり、「洗脳」という言葉はイメージが悪すぎた。単純な入力ミスでも、天皇に対しては許されないものだったのだ。

この騒動の後、大日本印刷はしばらくの間、皇室関係原稿には全て「皇室関係原稿」という、信じられないような大きな付箋《ふせん》を貼り、特別なチェックを行うことに決めた。皇室関係原稿は特別だ、というわけだ。他の原稿の場合なら単純ミスは次号訂正で済まされるが、天皇の場合は、社を挙げて回収に取り組むといった大事に至ってしまうからだ。

回収騒動の後につけられた付箋

## 回収の理由を伏せる独特の「お詫び文」

ちなみに、皇室タブーの場合は、どの箇所が問題になったか明示しないと前述したが、これはもちろんケースバイケースだ。先に挙げた『女性自身』の場合は、発売予定だった1988年9月27日の新聞朝刊の光文社の広告にこんな「お知らせ」が掲載された。

《お知らせ　突然申し訳ありませんが、『女性自身』10月11日号は都合により発売を中止させていただきます。なお、次号は10月4日（火）〔一部地域を除く〕に発売いたします。
光文社》

『SPA!』1993年7月7日号の告知

本来ならそこには『女性自身』の広告が載るはずだったのだが、急遽、光文社の書籍広告に差し替えられ、しかもそういう「お知らせ」がなされたのだった。

この「お知らせ」を見る限りでも、発売中止の理由は「都合により」としか書かれていない。同社では、当面、回収措置をこういうふうに告知しようと考えたらしい。

しかし、発売中止は報道もされ大騒ぎになったため、「都合により」というわけにもいかないと判断したのだろう。翌週の『女性自身』に掲載された「お詫び」には、具体的な理由が説明されていた。

《先週号、発売中止のお詫び》

「女性自身」の先週号、「国民のみんなが祈った！　陛下、どうかもう一度お元気に」の写真ページに誤りがありました。

その写真は、陛下が九月八日、那須御用邸からお元気で帰京されたときのもので写真が裏ヤキになっていることを発売前日に発見し、急遽雑誌の発売中止を決定いたしました。

読者の皆さんにご報告申し上げお詫びいたします。

〈編集部〉》

皇室タブーに触れて雑誌などの回収や発売中止がなされた時、どんな説明やお詫びがなされたかについては、一般化することはできない。ただ、前述したように、なるべく曖昧な表現にとどめようという意識が働くのは確かである。

例えば、同じ『SPA!』で、小林よしのりさんの連載マンガ「ゴーマニズム宣言」の「カバ焼きの日」という8ページの連載1回分が発売直前に差し替えられるという事件が1993年に起きた。この時は連載が載るはずだったページに突然こんな告知が掲載されたのだ。

《今週のゴーマニズム宣言はお休みになります。来週は再開いたしますのでよろしくお願いいたします。(週刊SPA!編集部)》

これだと作者の体調不良か、あるいは締切に間に合わず連載が飛んだケースかと思わせる。この「ゴー宣」連載中止事件については本書第7章で詳しい経緯を説明しよう。

さらにもうひとつ例をあげよう。2004年12月9日木曜日発売の『女性セブン』の発売が突如延期になった事件だ。発売日の朝の新聞には、同誌12月23日号の広告が載ったのだが、その下の方に「今号の女性セブンは印刷工程上の事故により13日(月)発売になります。ご迷惑をおかけしたことをお詫び申し上げます」と書かれていた。雑誌の広告は載っているのに、その広告には発売が4日遅れますという異例の告知がなされているのだった。

いったい何が起きたのかといえば、当初の発売予定前日に誤植が見つかり、急遽、刷り直しが決まったのだった。発行

『女性セブン』2004年12月23日号記事

部数55万部のうち約30万部は既に出荷されており、残りも印刷を終えて製本を行っている最中だった。全部刷り直しをするために発売が4日後になることを、発売当日に新聞広告で告知したのだった。

問題になったのは、巻頭記事の誤植だった。「紀子さま　第3子ご出産への覚悟」の副題「秋篠宮さま『皇太子さまへの苦言』会見で、雅子さまご公務論争再燃の波紋」の中の「皇太子」が「皇大子」になっていたのだった。

もちろん誤植はあってはならないことだ。しかし、わずか1文字の間違いのために発売を4日も遅らせ、55万部を刷り直すという決断には、そのミスが皇室関連だったことも背中を押したように思う。へたをすると、これを理由に右翼団体が抗議に押しかける事態だってありえないことではない。

つまり皇室関連記事は特別なのだ。他のケースなら次号の訂正告知ですませるような場合でも、皇室関連となると全面回収といった措置になる。莫大な損失になるのだが、不測の事態を恐れてそうなるのだ。

## 「菊のタブー」と皇室報道

さて、本書は、「菊のタブー」と言われる皇室タブーについて、昭和から令和に至る変遷をたどってみようという企画だ。

皇室タブーはどういう構造で作られ、どんなふうに変遷してきたのか。さらにはマスコミタブーというのはそもそも何であるのか。本書ではそんなことを実例に即して考えていこうと思う。

前述したように皇室タブーに触れて出版物が回収や記事差し替えになった場合でも、出版社は何が起きたかの真相をなるべく隠そうとするため、本書で取り上げた事件の詳細はよく知られていないケースも多い。

第6章で取り上げているが、『創』もまた1989年、皇室報道で右翼の猛攻撃を受けた。相当数の右翼団体の抗議が約3カ月にわたって続き、編集部の入ったマンションのオーナーからは立ち退きを求められた。だからこの問題は、決して他人事のように語れるテーマではない。

以下、個々のケースをとりあげながら、タブーの構造を解明していくことにしよう。

# 第1章 「風流夢譚」封印と復刻

## 戦後最大のタブー小説が復刻

2013年、当時51歳だった京谷六二《むに》さんに会ったのは池袋の喫茶店でだった。光文社を退社後、2011年に自宅で電子書籍専門の出版社「志木電子書籍」を立ち上げ、妻とふたりで電子書籍の仕事をしていた。

「六二ってのは珍しい名前ですねえ」

私がそう言うと、「1962年に生まれたという単純な理由なんです」と答えた。

「ああ、事件が起きた翌年ですか」

私がそう呟《つぶや》いた。

事件とは「風流夢譚《ふうりゅうむたん》事件」または「嶋中事件」と呼ばれる、戦後の言論史を語る上で忘れられない事件のことだ。

六二さんの父親は京谷秀夫さん。2012年5月に他界したが、元『中央公論』編集部次長。「風流夢譚事件」当時の編集部員だ。1963年に退社し、83年に事件について書いた『一九六一年冬

「風流夢譚」事件』を上梓《じょうし》した。この本と、やはり事件当時中央公論社の編集者だった中村智子さんが1976年に上梓した『「風流夢譚」事件以後』は、この事件について知るためには欠かせない本だ。

この2冊とも今は絶版だが、京谷六二さんの手で電子書籍として出版されている。父親の本を復刻したのは「親孝行というつもりだった」という。そして、この2冊とあわせて電子書籍になっているのが、深沢七郎さんの小説「風流夢譚」そのものだ。事件の後、深沢さんは涙ながらに記者会見し、この作品を封印することを言明した。だからその作品は長い間、二度と日の目を見ない、戦後文学最大のタブーとして扱われてきたのだった。

風流夢譚
深沢七郎
カット 谷内六郎

『中央公論』1960年12月号に掲載

「風流夢譚」は『中央公論』1960年12月号に掲載された短編小説だ。主人公がある晩、夢を見た。都内で暴動が起こり、皇居が占拠されたという。皇居広場へ行ってみると、皇太子と美智子妃が仰向けに寝かされ、首を斬り落とされるところだった。人ゴミをかきわけてさらに行くと、昭和天皇夫妻の首なし胴体が置かれ、近くに天皇の辞世の歌が落ちていた、といった内容だ。

皇太子夫妻の斬首の瞬間の描写などあまりに衝撃的で、大変な騒動になった。作品では革命を唱える左翼も戯画化されており、60年安保闘争と天皇制をパロディにした作品で、作品そのものには文学者から評価も寄せられたのだが、当然ながら右翼陣営は黙っていなかった。中央公論社は右翼団体の激しい抗議にさらされた。そして61年2月1日、社長の自宅に押し入った右翼少年によって、社長夫人が重傷を負い、家政婦さんが刺殺された。社長はたまたま不在だったため、家人らが殺傷されたのだった。

## 右翼少年が社長自宅で家人を殺傷

京谷秀夫さんの『一九六一年冬』では事件現場の模様が、当時中央公論社から刊行されていた『週刊公論』2月27日号の記事を引用する形で紹介されている。ここでそのまま孫引きしよう。

《(前略)雅子夫人が帰宅したのは九時すこし前だった。お土産を買って戻った夫人を玄関で迎えて、家族は大はしゃぎ。テロ少年はそのスキに嶋中家の応接間にしのびこんだらしい。雅子夫人は十二歳の留美ちゃんと茶の間のコタツに入っていた。応接間に行った加禰さんの前に、ヌーッと大きな男が立った時、「ああ驚いた。なになさるんです」と叫んだが、長男の行男君の悪戯だと思ったようだ。兇漢に肩をおさえられ、ナイフをつきつけられて茶の間に現われた時、「ああ……」というような無意味な音とも呻りともつかぬ恐怖と困惑の叫びをもらしながら、ただぶるぶるとふるえていたという。

「お前は誰だ?」

「家内です」

その時、雅子夫人は、自分が意外に冷静なのを知った。頭の中で「使用人です」と答えたらば、という考えがチラリとひらめいたけれど、その場合は嶋中家の家族は、子供たちばかりになる。子供を

自称 右翼、中央公論社長宅襲う
家政婦刺殺、夫人重傷
短刀で「風流夢譚」なじり
犯人、20歳ぐらいの青年
右翼関係者と見る
警視庁、四号配備を指令
言論圧迫許せぬ
背後を追及

1961年2月2日付読売新聞

危害から守らなければならない。それで「家内です」と答えたという。ナイフの柄のところに白い布がまきつけてあった。返り血をあびないように、あるいは手がすべらないようにという必殺の備えで、兇漢の眼はどんよりとスワっていた。

「これはヤラれる」と直感した、その時だった。

「お前でもいい。みな殺しだ」

男の鼻の下には醜いニキビがあった。

身をさけたのと襲いかかったのが同時だった。狂刃が第二撃、つづいて第三撃を加えようとする瞬間、今まで、片隅にただ呆然と立ちすくんで震えていた加禰さんが、とつぜん電光のように突き進み、雅子夫人を抱くような姿勢になった。それは子をかばう母の姿であったという。その背中を男は、力まかせに刺したのだ。この身ぶるいするような光景を十二歳の留美ちゃんが見ていた。人びとが駈けつけた時、留美ちゃんは門の前で、「人殺し」と叫びながら泣いていた。加禰さんは、まだ死んではいなかった。気丈にも立ち上がって台所から裏口へ、助けを求めて、よろめいて行ったのだ。だが台所で足をふみはずしたまま力が尽きたらしい。》

死傷者が運び込まれた病院の様子を翌日の毎日新聞が報じた記事を、これまた『一九六一年冬』から引用する。

《四谷の伴病院はかけつけた中央公論の社員や報道陣でごっ

た返した。そのなかをかき分けるように作家の有吉佐和子さん、三島由紀夫氏夫妻、評論家の川島武宜氏、永井道雄氏らが見舞いに訪れた。手術室に入ってみんな心配そうな顔。なかでも一番早くかけつけた母親の蠟山政道夫人、銀子さんが青ざめた顔でベットにつきっきり。いったん外に出た有吉さんが、ふとんや薬を両腕に抱えて飛びこんでくる。

深沢氏の小説を掲載するのはさしつかえないという意見を出していた三島由紀夫氏は「嶋中夫人には世話になっていました。事件の背景や意味ということより親しい人の事件だということで頭がいっぱいです」と言葉少なに語る。》

社会的には言論テロを批判し、表現の自由を主張する声が湧き上がるのだが、当事者である中央公論社では、衝撃的な事態に直面して恐怖が現場を支配したらしい。当時、同社社員として見聞きした状況を詳しく書いているのが、前述した中村智子さんの『「風流夢譚事件」以後』だ。同書によると、全社員を集めた場で、嶋中社長が顔面蒼白《そうはく》になりながら、こう演説したという。

「万一、たった一人でも言論の自由のタテマエをふりまわして軽挙妄動する者があれば、その者によってこの建物がふっ飛び、殺人がおこなわれ、百三十人が路頭に迷うかもしれない。そういう事態であることを深く認識し、社業に専念してこの危機をのりきってほしい！」

後に「恐怖演説」と呼ばれるこの演説の後、「社員は今にも再び右翼に襲撃されるような切迫した危機感に感染し、恐怖の渦に巻きこまれた」と、中村さんは書いている。

恐怖が現場を支配し、自粛ムードが蔓延《まんえん》していく。まさにテロはその目的を達していったのだった。

テロ事件は言論・出版界に大変な衝撃を与えた。関連すると思われた言論や作品は、次々と自粛の憂き目にあった。雑誌『文學界』1961年2月号に掲載された大江健三郎さんの小説「セブンティーン」の第2部「政治少年死す」が単行本に収録されず、封印された。中央公論社と同じ時期に、文藝春秋もその小説で右翼の抗議を受け、3月号に「謹告」と題するお詫びを掲載していたのだった。

右翼や宮内庁の抗議を受けて、出版物が封印されていく事態はその後も続く。『教育評論』臨時増刊号の戸田光典著の小説「御璽」も書籍化が見送られた。

中央公論社が発売元だった雑誌『思想の科学』62年1月号「天皇制特集号」は発売中止になった。63年には雑誌『平凡』に連載されていた小山いと子著の小説『美智子さま』も、宮内庁の抗議を受けて単行本化が中止になった。

〝菊のカーテン〟が重苦しく日本の言論・出版界を覆い尽くした。風流夢譚事件で死傷者が出たという事実は、その後も出版界にトラウマのようになって語り継がれていった。

## 「風流夢譚」の背景と3・11後の日本の類似性

風流夢譚事件当時、右翼の攻撃への対応にあたった京谷秀夫さんは、掲載責任を感じて辞表を出すなどし、事件の後に他の部署に異動。退社後、それを回想して書いたのが『一九六一年冬』だった。私は息子の六二さんが電子化した書籍で改めて読み直したのだが、本文の後に「補遺」として収録された一文で、京谷秀夫さんは、事件をこう総括していた。

《私の到達した考えによれば、右翼は一九六〇年の初め頃から『中央公論』に的を絞って、進歩的言論陣営の一角を崩そうと狙っていたのではないかということである。その明示的証拠はいくつもあげることはできる。そのことに今は言及しないが、要は、私たちは彼らにつけ入る隙を与えてしまったのである。他者の隙につけ入って非合法な暴力を振った右翼が悪いことは自明であるとしても、ジャーナリストとして、みすみす相手につけ入る隙を与えてしまった己れの非を私は悔いるのである。もし、私たちがジャーナリストとして、客観情勢を深く読み取り、主観的条件を十分に整えた上で、「風流夢譚」を掲載したのであれば、私たち『中央公論』・中央公論社は、あのような惨めな敗北を招かなくとも済んだであろうし、深い傷を中央公論社に与えずに済んだであろう。その傷は、それから二〇年たった今日でも、完全に癒えてはいないように見える。

「風流夢譚」事件・嶋中事件が、当時社会に与えた影響は決して小さくはなかった。それら一連の事件を契機に、天皇制論議を再びタブー化し、自由な言論・表現に自己規制を加える風潮を生んだが、その責任をも、一九六〇年における『中央公論』編集部の一員として、私は負わねばならないだろう。》

著書の最後の方に収録されたこの「補遺」は、実は『創』１９８０年11月号の特集「戦後ジャーナリズム事件史」の1本として書かれた原稿だ。当時20代だった私が編集長に就任して間もなく誌面化したその特集は、戦後の言論事件の当事者に、その事件について書いてもらうという企画だった。

もうかなり昔のことで、私自身、京谷さんにその原稿を依頼した経緯などほとんど忘れてしまっていたのだが、事件以後、言論・出版界全体に皇室タブーが浸透していったことについて、責任の一端は自分にもある、という京谷さんの述懐には改めて感銘を覚えた。

その著書の中で同時に、京谷さんは「私は『風流無譚』をいつの日か復権させたいと願った」とも書いている。

そしてその父親の思いを実現したのが息子の六二さんだった。出版にあたっては、もちろん父親にも相談し、出版関係者にも相談した。表紙画像を出版前に父親に見せた時には「やっぱりドキッとするなあ」と呟いたという。

六二さんが2011年11月に『風流夢譚』電子版の出版に踏み切ったのには、もうひとつ理由があった。最初に電子書籍で出版したのが自著『東京電力福島第一原発事故とマスメディア』であったように、彼は原発問題に関心を持ち、ブログで発信を続けていた。そして、2011年の日本の状況と、1960年暮れの「風流夢譚」発表の状況に、よく似たものを感じたのだという。

「『風流夢譚』が書かれたのは、あれほど盛り上がった60年安保闘争が終息した時期で、結局この国は何も変わっていないじゃないかという思いが深沢さんの中にあったと思うのです。そして2011年も福島であれだけの原発事故が起き、市民が怒ったのに、政治も社会も大きく変わることはなかった。3・11後の状況と60年安保直後の状況はよく似ているような気がしたのです」

「風流夢譚」という作品の背後に、深沢七郎さんが安保闘争直後に感じた虚無意識があることは間違いないが、京谷さんには3・11後の日本にも同じ空気が支配しているように見えたということらしい。

## 問い合わせ先を非公開に

私がこの電子版『風流夢譚』について知ったのは、朝日新聞が2013年8月20日に掲載した記事がきっかけだった。「半世紀前、テロ誘発した問題作『風流夢譚』電子化で解禁」という大きな記事だった。この記事は反響を呼んだようで、それまで月に30冊くらい売れていた『風流夢譚』の売れ行きが跳《は》ね上がったという。

「記事が載った当日だけで見ると、1日あたりそれまでの100倍くらいの注文がありました。その後数日間は、アマゾンがバナーを張ってくれたりしていました」(京谷さん)

私が京谷さんに会って話を聞きたいと思ったのは、『風流夢譚』解禁を社会がどう受け止めたのか知りたいと思ったからだ。ちなみに同書はこれまで100%封印されていたわけでなく、鹿砦社が別冊に収録したり、ネットで全文が出回ったりしていた。もちろん著作権者は「これまで許可したことはない」と言っているというから海賊版だ。京谷さんが刊行したのは電子書籍とはいえ、著作権者の了解を得て正式に出版されたものだ。アマゾンのレビューには、この作品が読めるようになって良かった、といった書き込みがなされているが、右翼団体からの抗議といったものはなかったのだろうか。

「電話での抗議とかそういうものはなかったですか」

そういう私の問いに、京谷さんは一瞬うーんと沈黙した後、こう答えた。

「恥ずかしい話ですが、朝日新聞に掲載されてから数日後に、問い合わせ用の電話番号を非公開にしたのです」

電子書籍の場合は、敢えて告知をしない限り、発行元にアクセスするのは紙の本のように簡単にはいかない。

「ツイッターを始めとするネットでの反響は概して好意的です。よく出してくれたという反応ですね。ただ、これが大手出版社や朝日新聞社だったら、たとえ電子書籍でも刊行できなかったと思います」

前述したように、『風流夢譚』は海賊版がネットで既に公開されている。京谷さんは、いずれ海賊版に対しては申し入れをしないといけないと言うが、出版をめぐるこの状況も、1960年との大きな違いかもしれない。システムが複雑化しているのだ。

「父が『一九六一年冬』という著書を出版した時に、一人だけ右翼の人から連絡がありました。でもそれは抗議というのでなく、意見を聞きたいという申し出で、父とその人の間で真剣な議論が行われていたのを私も見ていました」

六二さんも『風流夢譚』出版にあたって、そういう反響を気にしなかったわけではない。60年も前のテロ事件とはいえ、風流夢譚事件はいまだに出版界に影を落としているのだ。電子書籍として出版はされたものの、紙の本としての出版は簡単ではないだろう。例えば問題になった皇太子夫妻の首が斬り落とされる描写などは、今でも物議を醸すことは間違いない。

本書をまとめるにあたって数年ぶりに京谷六二さんに連絡を取ったところ、『風流夢譚』電子版はその後もコンスタントに売れ続けているという。「何か抗議とかリアクションはなかったですか」と尋ねると、「それは特にありません。ただ、『創』で記事になった後、それを見たようで公安が訪ねてきました」ということだった。

## タブーを支える言論・表現側の自己規制

タブーというのは、それを犯した時に暴力的な攻撃が加えられるという恐怖を背景にして成立するものだ。その意味では、死傷者が出たという風流夢譚事件は、重たい現実として戦後の出版界を支配してきた。

ただ、一方で知っておかなければならないのは、現実にはタブーと言われる事件の大半が、メディア側の自己規制によるものであることだ。通常なら単純なミスとして翌号での訂正で済まされることが、こと皇室絡みとなると絶版回収という大事に至ってしまうのだ。

そして問題なのは、自己規制が行き過ぎて、どう見ても過剰反応と思える事例も多いことだ。皇室タブーは暴力のイメージと直結しているゆえに、どうしても萎縮につながりやすい。

暴力に対する恐怖がタブーを支える背景だと前述したが、実際には暴力が行使されなくても、その恐怖のイメージが成立していることがタブーを支えていく。イメージが独り歩きし、表現者や出版社が自己規制してしまうというのがタブーの完成形態だ。

恐怖のイメージの確立と、実際の暴力の行使とは不即不離の関係だ。風流夢譚事件のように死傷者は出ていないが、皇室報道をめぐって流血事件は何度も起きている。あるいは一歩間違えれば流血に至った事件も少なくない。それが皇室タブーを成立させてきた背景だ。

これはあまり知られていないが、私が直接当事者に話を聞いた事例を紹介しよう。『週刊新潮』1987年2月19日号のコラム「CLUB」欄に「夜の銀座が惜しむ高松宮宣仁殿下」という話が掲載された。他界した高松宮殿下が銀座へ通っていた話をホステスの証言で紹介しているのだが、ホステスの両腿の間に手を入れてきたといった面白おかしい描写をしたために右翼団体が猛抗議。街宣車が新潮社に押しかけた。

右翼団体は二度にわたって訪れ、二度目は当時の山田彦彌編集長らが対応し、右翼側は怒声を張り上げ、帰っていった。何とか事なきを得たのだが、後日、当日参加していた右翼の一人に話を聞いて驚いた。山田編集長が現れるのを待つ間、一人の右翼が「きょうはこれを持ってきているから」と言って、拳銃を見せたというのだ。恐らく威嚇《いかく》のためだろうが、事態が紛糾して発砲でもされていたら大事件になるところだった。結果的に使われずに終わったが、一歩間違えれば流血の事態に至ったのだった。

皇室報道をめぐって過剰な自己規制が起きてしまうのは、一歩間違えれば流血に至るという恐怖のイメージが流布されているからだ。

第2章

# 「パルチザン伝説」出版中止事件

## 「天皇暗殺」小説と報じた『週刊新潮』

前章で、1961年の「風流夢譚」事件が、その後の出版界にトラウマとなって影を落としたと書いた。そのひとつの例を紹介しよう。

1983年に起きた「パルチザン伝説」事件だ。河出書房新社が刊行を予定していた小説が、右翼団体の攻撃によって出版中止に追い込まれた。なぜ右翼団体がいきりたったかといえば、その小説が、1974年に実際にあったとされる東アジア反日武装戦線「狼」の「虹作戦」をモチーフにしていたからだった。この作戦は結局未遂に終わるのだが、天皇のお召列車を荒川鉄橋にさしかかる時点で爆破しようとした、いわば「天皇暗殺」計画だった。東アジア反日武装戦線はその後、三菱重工本社ビル爆破事件を起こしたグループだ。

小説「パルチザン伝説」は、当時新人作家だった桐山襲《かさね》さんが1982年に執筆したもので、5月に河出書房新社の文藝賞に応募し、最終選考まで残った作品だ。受賞はしなかったものの高い評価を得て、翌83年に雑誌『文藝』に掲載が決まる。実際に掲載されたのは9月7日発売の10月号だった。

おっかなビックリ落選させた「天皇暗殺」を扱った小説の「発表」

「この恐るべき題材に強烈に迫っている作者に敬意を表する」——昨年秋の文藝賞選考の際、選者からこんな賛辞を呈されながらも、その内容があまりにも刺激的に過ぎたために、惜しくも受賞を逸した作品がある。桐山襲という無名の新人によって書かれた『パルチザン伝説』という小説で、革命への情熱に駆られた親子が二代にわたって天皇暗殺を企てるという筋立て。第二の『風流夢譚』事件を誘発しかねない題材だけに、『文藝』編集部もその発表に関しては慎重を期していたが、この十月号でやっと掲載に踏み切ったのである。

狙われた御召列車

『週刊新潮』1983年10月6日号の記事

実際にあった事件をモチーフにしたといっても、あくまでもフィクションだから、それがそのまま小説として批評の対象になっていれば、そう問題になることはなかった。ところが、9月29日発売の『週刊新潮』10月6日号が「おっかなビックリ落選させた『天皇暗殺』を扱った小説の『発表』」という記事を掲載。これが右翼団体をたきつける結果となったのだった。

記事のリードを引用しよう。

《「この恐るべき題材に強烈に迫っている作者に敬意を表する」——昨年秋の文藝賞選考の際、選者からこんな賛辞を呈されながらも、その内容があまりにも刺激的に過ぎたために、惜しくも受賞を逸した作品がある。桐山襲という無名の新人によって書かれた『パルチザン伝説』という小説で、革命への情熱に駆られた親子が二代にわたって天皇暗殺を企てるという筋立て。第二の『風流夢譚』事件を誘発しかねない題材だけに、『文藝』編集部もその発表に関しては慎重を期していたが、この十月号でやっと掲載に踏み切ったのである。》

作者は、この作品が「天皇暗殺」小説とか「第二の『風流夢譚』」とか政治的な文脈で語られることに強く反発していたのだが、この『週刊新潮』の記事によって、否応なく騒動に巻き込まれることになったのだった。

## 出版社の社屋前で右翼団体が「殺す！」と絶叫

後の1987年に作者の桐山さんは、一連の経緯をまとめた『「パルチザン伝説」事件』という書籍を上梓《じょうし》して事件の総括を行うのだが、そこでの本人の言葉から経緯を引用しよう。『週刊新潮』が発売された1983年9月29日、その日のうちに右翼団体の街宣車が河出書房新社に訪れたという。

《まず九月二十九日、右翼の街頭宣伝車一台が河出のビルの前に停まります。かなりの音量で河出と作者を攻撃する放送を続けます。この日には、公安がいち早く河出に来ています。》

《それから、公安とは別に、原宿署から河出に電話があって、右翼の車がそちらに向かっている、という情報が伝えられています。》

《新潮社が「第二の『風流夢譚』事件か」と言って大々的に煽動し、その煽動を大義名分として右翼が突撃し、公安がそれをフォローする、そういう構造になっています。

そして、土曜と日曜は河出は休みですから、月曜日の十月三日から右翼の攻撃は再開されます。宣伝車も四台くらいに増えます。十月三日はいちばん激しい動きのあった日で、右翼の十人ほどが、ガードマンを無視して社内にはいります。そして、そのうちの三人と、河出の代表が会見します。会見の内容は――これも伝聞なので正確なことは分かりませんが――右翼が相当に激昂した態度を示したようです。それから、この日であるかどうかは分かりませんが、右翼はこの段階で、①雑誌の回収、

②作者を明らかにすること、③河出の謝罪、④単行本化中止、という四項目要求を出すことになります。》

その結果、１週間後の10月7日に、桐山さんは河出書房新社から、予定していた単行本化の中止を告げられた。作者の安全を第一に考えた結果だという説明がなされたという。

『創』はこの事件について三度にわたって取り上げたが、3回目の86年4月号は「天皇報道を考える」という特集で、「パルチザン伝説」事件については、事件当時『文藝』の発行人だった金田太郎さんに執筆を依頼した。その元発行人の手記から一部を引用しよう。

《『週刊新潮』にかなり露骨な煽動記事（まるで、これを放っておいたら右翼の名折れだといった風な）が掲載された当日（確か九月半ばかそれ以後）、彼等は、いわゆる街宣車に乗って現われたのだった。午前中いっぱいを使って編集部の管理職会議を開いている最中だった。いきなり、社屋の隣りに駐った車が、最大限のスピーカーの音量で叫び始めた。

〈国賊・〇〇〇〇、〇〇〇〇……〉

〇〇〇〇は私の名前と当時の編集長であった福島紀幸君である。自分の名前を見も知らぬ他人に大声で連呼される気恥ずかしさと圧迫感……。そして、続いて著者・桐山襲氏への弾劾が始まる。

〈桐山襲は謝罪せよ!!　編集部は国賊・桐山の本名と居処を明らかにせよ!!〉》

《当時の『文藝』発行者であった私並びに福島編集長そして著者・桐山氏へのこうした弾劾は、連日社屋前で続けられ、日々街宣車の数も増え、その大音量の言葉も日を追ってエスカレートして、最後には「カネダ、フクシマを殺す」、次いで「何月何日迄に殺す」とはね上がり、社内への乱入も数回行われるまでに至ったのだった。

彼らの要求は、おおむね（団体が新左翼以上に複雑に分かれていて、一本化するのは仲々難しかったが）、①三大紙その他公けの場所で、このような作品を掲載したことを謝罪する②著者桐山襲の本名、並びに住所を明かす③『文藝』十月号を直ちに回収する④「パルチザン伝説」の単行本刊行は断固阻止する等々であったと記憶している。

言うまでもないことだが、①の謝罪文②の著者の身の安全確保は、たといどのような状況下であろうとも、まっとうな編集者の出来る筈もないことであり、③については、時間的にも事実上不可能ということで押し切ったのであった。

当時の河出書房の実態は、右翼の連中が〝乱入〟しようとすれば何処まででも、何処へでも出入り出来る（最初は、ガードマンはもちろん省力化で受付さえいないという具合で）、名指しで〈何月何日迄に殺す〉と脅す声をテープにとって、原宿署に連絡したが、当局の扱いは、まるでこちらが本当に刺されでもしなければ相手にしないというものだった。それに、十年も前なら元気で、出版労連反主流派の威勢の良かった組合も、直後は何の反応もみせないで傍観し、恥ずかしいことだが、経営の最高責任者たる社長は会議の席で赤くなったり青くなったり、まともに意見も述べられないようなうろたえ方で、街宣車のやってくる時刻になると何処へとも知れず雲がくれする体《てい》たらくだった。

この〝事件〟の推移のなかで、私達が一番気遣ったのは、著者・桐山氏あるいはその家族の実際の身の安全、そして将来にかけての作家生命の維持ということであった。右翼の人達がたとい何をしようと、著者のその点に関しては妥協も何もあるわけはなかった。〝事件〟直後から終息に至るまで、編集部と桐山氏とは密接に連絡を取り合い、話し合いのもとにことを進めてきたが、終始一貫著者の態度は冷静で理知的だった。しかも、その進退については、いささかも高ぶることのない現実的なものだったと思う。たとえば、右翼の側の数度の乱入に耐えきれず、この状態で単行本を刊行するならば何が起るかわからない、残念ながら単行本化に関しては断念せざるを得ないと判断して、桐山氏に相談にいった際もそうだったと記憶している。》

《私としては、彼に煽動文・ビラの文章を書いて貰うつもりはさらさらなかったし、あくまでも自立した文学作品を希むのは当り前で、その意味で、将来に向けての作家生命がますます大事に思えたのだった。そして、残念ながら、目下の状態では河出書房から単行本を出すのは不可能だ、自社の『文藝』に掲載した以上、当然河出から本を出すつもりでいたのだが、この状態でもし全面衝突したとしたら何が起るか分らない……といったことどもを話し終える当方に、桐山氏は「いや、文藝に掲載して頂いただけで嬉しく思っています。単行本に関しては、ここは一度退きましょう」と答えてくれたことをはっきりと記憶している。》

## 99メートルの敗北と1メートルの前進

前述した『「パルチザン伝説」事件』の中で、著者の桐山さんは、この事件を総括するなかで、「風流夢譚」事件との関係をこんなふうに書いている。

《右翼が社前に来たとき、河出としてはやはり「風流夢譚」を思い浮かべたんだろうと思うんです。あのときのようになるんじゃないか、ということがすぐに連想されてしまって、非常にビビったと思います。明らかに、「風流夢譚」が河出にパニックをひきおこして、その結果が早期の敗北につながっていったと考えられます。》

そしてそれに続けて、こう記している。

《しかし、注意すべきは、「風流夢譚」が一個のパニックとなりえたのは、河出=出版界がそれを総括していたからではなくて、逆に全く総括していなかったからなのではないか、私はそう考えています。》

出版界が「風流夢譚」事件をきちんと総括できていなかったことが、出版中止という事態を招いたのだという指摘は、なかなか鋭いと思う。

そして桐山さんは、「風流夢譚」のように右翼のテロを機に作品を封印してしまうのでなく、何とかして世に出すことが自分のすべきことだと考えた。そして支持してくれる人たちと『パルチザン伝説』刊行委員会をつくり、河出書房新社と別の出版社からの刊行準備を進めたのだった。

そして『パルチザン伝説』は1984年6月、作品社から刊行された。一連の経緯を桐山さんは『「パルチザン伝説」事件』の中でこう総括している。

《状況としては、百メートル後退したわけです。その中で、作品社から『パルチザン伝説』を出したことによって、まあ一メートルくらいは前に進んだ。だから、状況としては、一メートルの勝利ではなくて、九十九メートルの敗北であると考えねばならないんです。とても勝利とか、引きわけとか言えるようなものじゃありません。》

出版中止に追い込まれた単行本を、事件から1年もたたない時点で刊行できたことは、99メートルの後退の中での1メートルの前進だ。桐山さんは、そう総括したのだった。

余談ながら、この作品社からの出版をめぐって、予期せぬ出来事だったのは、第三書館が、桐山さんの預かりしらぬところで『パルチザン伝説』を出版してしまったことだった。第三書館としては封印された小説を世に問うことが必要だとの思いから刊行準備を行ったようなのだが、83年末に『文藝』編集部経由で桐山さんに接触したところ、別の出版社で刊行予定だからと断られた。

桐山襲著『パルチザン伝説』（作品社）

ところが、第三書館は驚くべきことに出版を敢行。作品社の本より3カ月前に書店店頭に並ぶことになった。いわば海賊版なのだが、肝心の作品社の本は売れ行きの点で大打撃を被《こうむ》ることになった。『「パルチザン伝説」事件』の中で桐山さんは、第三書館の行為はタブーを破るどころか、自分たちを危機に陥れた、と非難している。

《――第二波攻撃の可能性として、一番危機的であったのは、どの時点でしょう？

やはり第三書館版が出されたときだと思います。今どき珍

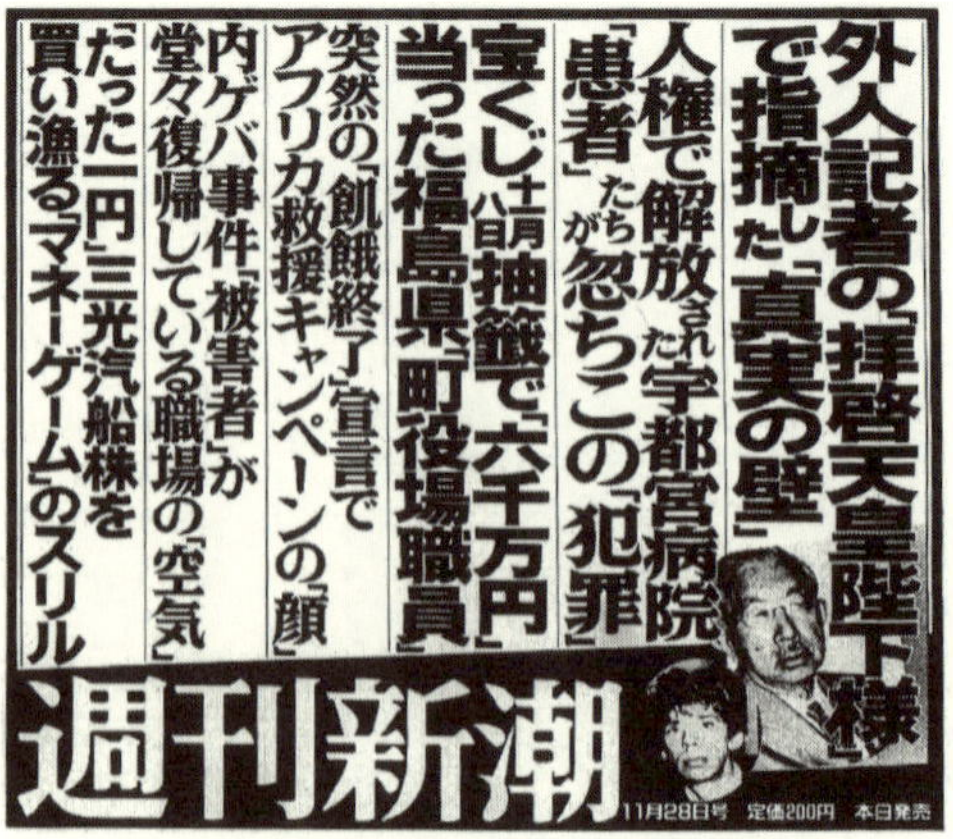

1985年11月28日号の新聞広告。天皇の顔に文字が…

しい海賊出版ですから、これはもう格好の週刊誌ネタですね。そうすれば、右翼がもう一度動かざるを得なくなって、第三書館にも被害が出るし、こちらの刊行計画も危うくなる――そういう一番危険な状態だったと思います。》

さて、桐山さんは、一連の事件の総括の中で一貫して、『週刊新潮』の果たした役割を批判している。文学作品を政治的に読み換え、煽情的な報道によって右翼を挑発したのが同誌で、しかも文芸出版社である新潮社の雑誌がそういう役割を果たすのはどういうことか、というわけだ。

『週刊新潮』が煽《あお》り立てて右翼が動くという事例は、実はその後も何度も繰り返されている。右派雑誌の『週刊新潮』が、これを許してよいのか！とたきつけ、右翼が一斉に動くという構図だ。

ただ、同誌は皇室報道で自らが右翼の街宣攻撃にあったことも何度かある。

## 天皇の顔を汚したと右翼団体が抗議

その一例を紹介しておこう。１９８５年11月28日号の「外人記者の『拝啓天皇陛下様』で指摘した『真実の壁』」だが、問題になったのは記事内容よりもむしろ、その車内吊り広告だった。広告に昭和天皇の顔写真が使われたのだが、その天皇の顔に見出し文字がかぶさっており、「陛下の尊厳をそこなう」として右翼が抗議に訪れたのだった。抗議といっても大した抗議ではなかったようなのだが、こういうことでも右翼が抗議してくるのか、と当時語り草になった事例だった。

タブー意識というのは、時代とともに変遷していき、かつてはタブーとされたものも時代を経るとそうでなくなる。この広告の事例は、昭和天皇時代には、こんなことでも問題になったという事例と言えよう。

車内吊りは今となっては入手不可能なので、当時の新聞に載った広告を調べてみた。右ページに掲載したのがそれだが、確かに天皇の顔にわずかに隣の見出しの文字がかぶさっている。

こんなことが右翼の抗議対象になったというのは、たぶん今の若い世代には想像もつかないだろう。昭和天皇の写真は、かつて「御真影」と呼ばれ、崇拝と信仰の対象だったのだが、そんな記憶も既に社会的には消え去っている。

ここで紹介した小説『パルチザン伝説』も、いま読み返してみれば、これがどうして出版中止になるのか理解できない、という感想を抱く人が多いと思う。

# 第3章

# 『新雑誌X』襲撃事件

## 連日の激しい攻撃で重傷者も

1984年7月に起きた『新雑誌X』襲撃事件について書こう。この事件には一水会が関わっていたことが既に知られていたが、2013年、『創』の連載執筆陣の一人、鈴木邦男さんが著書の中で詳細な事実を明らかにした。興味深い内容なので、それもあわせて紹介することにする。

『新雑誌X』とは、1970年代に有名だった新左翼雑誌『現代の眼』編集長だった丸山実さんが創刊し編集長を務めた雑誌だ。当時は『創』と親交もあった。だからこの事件については、私は途中経過を詳しく丸山さんに聞いていた。

70年代の言論界の一翼を形成していた新左翼雑誌の一群は82年の商法改正によって広告掲載が規制された結果、ほぼ壊滅した。『創』だけが経営譲渡によって生き残ったのだが、『現代の眼』が休刊した後、丸山さんが創刊したのが『新雑誌X』だった。その雑誌が天皇を中傷した不敬イラストを掲載したとして、神田司町にあった編集室に、連日、右翼団体が押しかけたのがこの事件だ。

街宣車がマイクのボリュームをいっぱいにあげて「住民の皆様、お騒がせしておりますが、この責任は全て不敬を働いた『新雑誌X』にあります」とがなりたて、編集部にも右翼が次々と抗議に押しかけた。もちろん抗議も穏やかな話し合いといったものではなく、一部団体は激昂するたびに丸山さんの顔面を殴ったり、脇腹を蹴り上げるといった雰囲気だったという。

さらに、84年7月16日から17日にかけては、何者かによって編集室の窓ガラスが叩き割られ、部屋中がメチャメチャにされるという事件が発生、逮捕者さえ出ている。さらにその後、丸山さんが路上で住民の前で土下座させられるという、何ともすさまじい事態に至った。

『新雑誌X』の発売元だった幸洋出版や、もう一人の当事者である社会運動家の東郷健さんの家にも連日、右翼からの抗議の電話が入り、窓ガラスを割られるといった事態が続いたうえ、7月20日には東郷さんが何者かに襲撃され、肋骨を折られるという事件が発生した。

発端となったのは『新雑誌X』84年8月号に掲載されたイラストだった。ゲイに対する差別の根源は天皇制にあると主張し、「ゲイ解放」を終生唱え続けた東郷さんのメッセージを表現したものだった。しかし、表現が見るに堪えないほどエキセントリックだったうえに、天皇がマッカーサーにカマを掘られるという猥画は、右翼・民族主義者にとっては許しがたい侮辱だった。

そういうイラストが書店で販売している雑誌に載ること自体信じがたいことだが、当時、丸山さんは経営的な苦境からページの一部の編集権を東郷さんに有料で譲渡していた。問

『新雑誌X』1984年8月号

題のイラストを含めた12ページほどは「雑民占拠区」と銘打たれ、編集権は東郷さんを代表とする「雑民の会」にあるとされていた。何と編集後記に「このページのいっさいの責任は編集部にありません」と書かれていたのである。

東郷さんは、アナーキーな人だったから、自分の自由にできるページを買い取り、思いのたけを誌面化したのだが、こういうイラストが堂々と発行されてしまうのは、今では考えられないことだ。

なぜこの事件に一水会が関わることになったかは、少し説明が必要だろう。実はこの事件の1カ月前にあたる6月22日に、東郷さんの出版記念パーティーが新宿で開かれた。私も出席したが、会場には女装したゲイや出版関係者、あるいは平岡正明さんらユニークなライターたちが顔をみせ、東郷さんの人脈の広さをそのまま反映したパーティーだった。

最もユニークだったのは、鈴木邦男さんや野村秋介さんら右翼の面々が挨拶に立ったことである。野村さんなどは「こういうパーティーは初めてだが、政治集会などよりよっぽど面白い」などと冗談を飛ばして会場の笑いを取っていたし、鈴木さんは「発起人」にまで名前を連ねていた。いかに新右翼といえ、ことあるごとに天皇制批判を口にしていた東郷さんとのとりあわせは奇妙なものであった。

東郷さんが出した本というのは『東郷健の突撃対談　著名15人がふと洩らしたホントの話』というもので、発売元は幸洋出版、パーティーの仕掛人は丸山実さんだった。ゲイから右翼、左翼まで顔を合わせて酒をくみかわすというのは、「左右を弁別せず」という丸山さんの持論を実践したものだった。だが、この会の発起人に名前を連ねたことで、一水会は苦しい立場に追い込まれることになった。

『新雑誌X』8月号が発売されたのは7月5日、このパーティーから幾らも日が経っていない。まず右翼の間で一水会の行動が問題になった。「不敬の輩を支援する会の発起人とは何事だ」というわけである。さらに「これは初めから仕組まれたことで、新右翼の連中は、まんまとはめられたのではないか」という声さえあがった。新右翼と呼ばれた一水会に対して「丸山実の片腕ぐらい持ってこなければ我々は納得しないぞ」とすごんだ既成右翼もいたという。

『新雑誌X』発売直後から右翼が動き始めた時、最初に編集部に連絡してきたのは一水会だったらしい。「あれはひどいじゃないか」――つまり〝信義〟を裏切られたというわけである。新左翼系雑誌『現代の眼』の編集長であった丸山さんは、ルポライターだった竹中労さんとも親しく、新左翼と新右翼との親交によって、あらゆる勢力が出入り自由な〝梁山泊〟をつくるという持論を唱えていた。それが裏目に出る結果となったのだが、続々と押しかける右翼の攻撃に、丸山さんが逃げ隠れせずに応対することを最低限の自らの課題としたのは、そうした〝信義〟の問題があったからであろう。

## 東郷さんも襲われ、肋骨骨折の重傷

さて、右翼の攻撃だが、雑誌発売直後の7月7日頃から始まったという。ある時は3団体、5団体が一緒に、またある時は1団体がやってきては抗議行動を展開。前述したように付近をスピーカーの音量をいっぱいにあげた街宣車が走り回り、狭い路地で交通事故を起こすといった事態もあったらしい。編集部といっても、正式な社員は丸山さん一人、あとはアルバイトとフリーのライターが出入りするだけの小さな事務所だから、付近の住民もこういう騒ぎが起こるまで、そこに『新雑誌X』なる雑誌の編集室があることも知らない人が多かったようだ。

編集部への襲撃事件が起きたのは7月16日の夜。8時すぎ、丸山さんが事務所で電話をかけていたところ、2人の男が突然ドアをあけて乱入。本棚をひっくり返し、窓ガラスを叩き割り、丸山さんの知人がインドから持ち帰ったという置き物の壺を粉々に打ち砕き、さっと姿を消した。この間、わずか2〜3分。丸山さんは受話器を持ったまま、茫然《ぼうぜん》自失だったという。

翌朝10時頃、今度は窓の外から石が投げ込まれ、前夜割られずに残った別の窓ガラスが破壊された。同じ17日、内神田にある『新雑誌X』の発売元・幸洋出版でも、何者かがブロックのかけらで窓ガラスを叩き割って逃走。また東郷さんの自宅でも同じように窓ガラスを破壊されている。

『新雑誌X』は、編集発行が丸山さんの㈱新雑誌エックス、発売元が幸洋出版、しかも問題のページは編集権が東郷さんの「雑民の会」となっているのだが、その複雑な関係には、抗議する右翼の方も当惑したのではないだろうか。抗議の前に「お宅と東郷健とはどういう関係なのか」などと電話で問い合せてくる右翼もあったらしい。

幸洋出版は単なる発売元ということで、17日の事件を除けば電話による抗議だけだったが、「発売元としてどう責任をとるのか」といった電話が2週間の間に20〜30本ほどかかってきたという。右翼団体も都内のものばかりでなく、関西、さらに広島の団体からも抗議に訪れたようだ。

東郷さんの自宅兼事務所は、電話番号しか公にしていないこともあって、当初は電話による抗議が主だったが、後に窓ガラスを割られたり、直接襲撃を受けることになった。風呂場のガラスを割られた時など、スタッフの一人が入ってシャワーをつけたとたん、待ち構えていたようにガシャン。危うく大ケガをするところだったという。

襲撃事件は20日の夕方6時頃。自宅付近を歩いていた東郷さんに、いきなり自転車に乗った男が突進。倒れた東郷さんが起きあがろうとすると、顔面や胸に殴る蹴るの暴行を加え、「やめなさい」と近所の住民が寄ってきたのを見て走り去ったという。この襲撃で東郷さんは顔や腕に打撲傷を負ったほか肋骨を折られ、しばらくコルセットをつけて病院通いを余儀なくされた。

「こんなことが野放しにされているようじゃ世の中どうしようもないわ。表現の自由も何もないじゃないの」

当時、私と会った東郷さんは、話すたびに「いたたたっ」と傷の痛みを訴えていたが、その後も何者かが自宅に侵入したりしていたという。

## 「半殺しにしろ！」と指示した

後に、この時『新雑誌X』編集部や東郷さんを襲撃したのは一水会だったことが明らかになる。天皇イラストの載った雑誌が出る直前に東郷さんの出版記念会で野村秋介さんや鈴木邦男さんらが一緒に酒を飲んでいたことが明らかになり、野村さんや鈴木さんが窮地に立たされたのだった。そのパーティーで談笑する写真が、よりによって問題のイラストと同じ『新雑誌X』8月号に掲載されていたから、野村さんや鈴木さんの立場がなくなるのは明らかだった。
襲撃に一水会が関わっていたのは知られたことだが、2013年に鈴木さんが上梓した『竹中労』（河出ブックス）には、その経緯が生々しく書かれていた。当時は知られていなかったディテールが、当事者ならではの迫真力をもって書かれていた。今はリベラル派という印象の鈴木さんが、かつては右翼の武闘派だった片鱗《へんりん》がうかがえる話である。
《野村さんは激怒した。許せない！と言った。「不敬イラスト」にも怒ったが、それ以上に、「騙された！」と怒ったのだ。十日後に爆弾を抱えた「新雑誌X」が出るのに、そんなことは一切言わない。》
《東郷は張本人だ。その張本人と肩を組んで野村さんは歌を歌った。この雑誌を見た全国の右翼は「新雑誌X」に押しかけた。糾弾した。それと同時に、野村さんや僕まで攻撃された。写真を見て、「こんな不敬な奴らと一緒に酒を飲んでる。こいつらも共犯だ」となった。》
《野村さんの元に門下生や我々一水会などが招集された。後輩たちの中には、「放っておけばいい」「丸山や東郷とはもう付き合わなければいい」と言う人もいた。「あいつは左翼なんだし、元々反天皇だ。だから、こんなこともやる。付き合ったのが間違いだ」と言う人もいる。》
《でも野村さんは違った。絶対に許せない。君らがやらなければ俺がやる。もう一度刑務所に戻ってもいい、と言う。そこまで言われたら僕らとしてもやらざるを得ない。「新雑誌X」の事務所には大勢の街宣車が押しかけ、怒鳴っている。それに参加した位では僕らの「疑い」は解けない。もっと激しいことをやって、丸山を攻撃しないと……。そうでないと、「丸山とグルだ」という疑念を払拭できない。
何人犠牲が出てもやるべきだと思った。だからチームを分けて襲撃した。まず「新雑誌X」の事務所に乱入し、室内を目茶苦茶に破壊した。外出する丸山を尾行し、一人になったところを襲い、車で拉致して、山の中に連れ込み、半殺しにして置き去りにする。その計画を立て、連日、車で尾行させた。》
《そのうち、「今、大久保で東郷が歩いてます。他の仲間を呼んで襲撃しましょうか」という連絡が入る。「天の助けだ。今しかない。自転車ごと体当たりして、あとは半殺しにしろ」と僕は言った。》
《それにしても、「半殺しにしろ!」などと酷いことを言ったもんだ。でも、それほど、僕らは追いつめられていたのだ。丸山、東郷を半殺しにしないと、こっちがやられると思ったのだ。右翼に殺されるとは思わないが、信用を失い、もうこの世界で生きていけないと思った。又、右翼界の大スター、野村さんに対する「疑惑」を払拭しなくてはならない。》
《東郷を襲った人間は、キックボクシングの練習生だったし、逃げまどう東郷を殴り倒し、蹴り続けた。街頭の真ん中だが、恐がって誰も止める人はいない。彼が去ったあと、救急車で東郷は病院に運ばれたが肋骨六本を折る重傷だった。》
この時、襲撃を行った人物は後に逮捕される。またこの本で鈴木さんは、今ならもっと違った方法があったと書いている。天皇問題と表現の自由について公開討論会を行って丸山さんに謝らせる、といった方法もあったはずだと書いている。

# 第4章　講談社『ペントハウス』回収事件

## 講談社正門に並んだ右翼街宣車

拡声器のボリュームを一杯にあげた右翼の街宣車が講談社に押しかけたのは1985年9月13日のことであった。午前10時すぎ、本社受付を訪れた右翼は、当時発行されていた『ペントハウス』編集兼発行人・名田屋昭二さんに面会を求めた。戦闘服姿の屈強な右翼たちの異様な雰囲気に慌てた受付の女性は編集部に連絡をとるのだが、あいにく名田屋編集長は海外出張中。不在を告げてもそのまま帰ろうとはしない右翼側と、結局、堀憲昭編集次長らが応接室で応待することになった。

「実はその2~3日前にある団体を名のる人物から『けしからん』という抗議の電話があったんです。こちらの編集姿勢を説明しても納得しないので、『もうこれ以上議論しても埒《らち》があきません。それは見解の相違ですから』と言ったら、先方は『我々にも仲間がいるから後でめんどうなことになるかもしれないぞ！』と言って電話を切ったわけです。だから彼らが受付に来たと聞いた時、ああ、あの件だなと思いました」（堀次長）

堀次長と担当の副編集長とは右翼に囲まれ、話の過程でもこづかれて「暴力はやめて下さい」と申し入れるといった〝話し合い〟という印象とは異なる応酬だったらしい。だが、編集長不在では埒があかないと判断したため、「18日の朝10時に再び来る」と言い残して右翼側はひきあげていった。

9月18日は再び朝から講談社の正門に数台の街宣車が並び、右翼が示威行動を展開、約束の10時になると、24～25人の右翼が応接室に入り、名田屋編集長らをとりまいた。

●そよ風になびく金髪にブルー・アイ、
つきの美女はエバ嬢。おもわず「
せて下さい」と歩み寄ったのは
春の発露、は、たちまち世界を

『ペントハウス』1985年10月号の記事

抗議に加わった右翼団体は、日本青年旭心団、国憂会、新生日本協議会、猶存社、大日本睦会、憂国社、皇極社、向陽社、鉄の会など11団体だったといわれる。

右翼が問題にしたのは『ペントハウス』10月号「浩宮殿下と〝恋人〟エバ嬢に直撃インタビュー」という記事。英国留学中の浩宮殿下が「写真を撮らせて下さい」と歩み寄ったというので、地元ノルウェーで「世紀の大恋愛に発展か」などと報道されたという噂の女性写真家、エバ嬢のインタビュー記事である。筆者は皇室ジャーナリスト・河原敏明さんだが、この取材の帰途、ロンドンを訪れた河原さんは思いがけなくも浩宮殿下への直撃インタビューに成功。その内容は同じ講談社発行の『週刊現代』9月14日号に掲載された。この直撃インタビューには、警備上の問題や〝協定〟違反を理由に、宮内庁が厳重抗議を行っている。

浩宮殿下の〝恋愛〟などといったことを面白おかしく、しかも『ペントハウス』のような「裸雑誌にとりあげるとは何事か！」というのが右翼の反応だったらしい。

「記事に誤りがあって名誉毀損にあたるといった話じゃなくて、彼らが言うところのエロ・グロ雑誌で皇室を扱うとは何事だという主張なんですね」（名田屋編集長）

## その場で『ペントハウス』10月号回収決定

名田屋編集長側は「ポルノ雑誌だというのは貴方がたの見解で、私たちはそうは思っていません」と答えるのだが、右翼側は「じゃあ何の雑誌なんだ。言ってみろ」と詰めよる。そこで「男性のエンタテイメント雑誌と、私どもは言っています」と答えると、「わからん英語使いやがって、人をバカにするのか」と怒鳴る。両者の応酬はそんな雰囲気だったらしい。

「彼らはこういう雑誌で二度とこういう記事を扱うな、と言うんですが、幾ら何でもそういう約束はできない。二度と皇室ものは扱えないことになりますからね。そこで私も表現の自由といったことを挙げて、それはできませんと言った。そしたら向こうは、お前らには表現の自由があるかもしれないが、皇室の人たちには反論する機会がないんだ、と言っていました」（名田屋編集長）

右翼側は、皇室の尊厳を汚した10月号は即時回収せよ、と強硬に主張する。大勢の人間が口々に怒鳴るので互いの話が聞きとれないこともしばしばだったという。こうしたやりとりが2時間余り続けられた。

結局、名田屋編集長は一時席をはずして担当役員である伊藤寿男編集局長らと相談し、回収に応ずることを、その場で右翼側に約束したのであった。

《書店様へお願い

ペントハウス十月号（8月24日発売）につきましては、記事に一部不都合があり、回収させていただくことになりました。貴店在庫分を取次経由で至急ご返品くださいますようお願い申し上げます。

昭和六十年九月十八日　　講談社》

これは取次経由で書店に流された回収通知だが、日付は右翼が訪れた9月18日になっている。ただこれが書店の手に渡るまでには何日かかかっており、次の11月号が発売される24日までに何らかの効力を及ぼしたとは考えにくい。実際に〝回収〟されたものも、いずれ返本されるものだった。名を捨てて実をとった……というのが、この講談社の措置に対する業界の見方であった。もちろん、右翼の1回の攻撃で回収に応じるとは情けない、とその弱腰を批判する声もあったが……。

右翼がいうところの「不敬記事」の発見が遅れたため、講談社が回収に応じたといってもさしたるダメージに至らなかったこと……それに右翼が気づくのに長い時間はかからなかった。既に読者の手に渡ってしまった分についての責任はどうとるのか、誌面で謝罪せよ、と右翼側は再び9月24日に講談社に押しかけている。誌面での謝罪は拒否しつつも、講談社側は、編集部としての姿勢を文書で明らかにすることを約束。後日、次のような「回答文」を右翼側に提示している。

《時代を越えて永く承けつぎ、伝えられてきた皇室に対する尊崇の念は、今日も変らぬ私たちの信念であります。皇室に対する愛敬の念において、私たちも人後に落ちるものではないと確信いたしております。

しかしながら、この度「浩宮殿下に直撃インタビュー」の記事の取り扱いにおいて、ご指摘のように、敬意の念とあわせて、更に格別の慎重な配慮をすべきではなかったかという深い自責の念を痛感している次第です。（中略）

貴会の皇室に対し寄せられる赤心あふれた衷情は、会見の席上、そくそくと感得いたしました。私たちもまた国民統合の象徴としての天皇陛下御一家、皇室について常に日本国民として自らの心に問いつつ編集の仕事に努めたいと決心いたしております。

ぜひ以上の次第をご理解賜わりたく、重ねてお願い申し上げます。

PENTHOUSE日本版編集長　名田屋昭二》

これで右翼が納得したわけではない。むしろ何としてでも公に「謝罪」をさせようと、戦術強化をもってこれに応えたのであった。

## 広告主に個別攻撃でついに謝罪文

名田屋編集長のところへ広告部から「困ったことになった」という話がきたのは、それからまもなくだった。『ペントハウス』10月号に広告を掲載したスポンサーに対し、右翼が〝責任追及〟行動を起こしているというのである。「かかる不敬雑誌に広告を掲載することは雑誌と同罪と考える。貴社は今後ともその姿勢を改める考えはないか」という「質問状」がスポンサーに送られ、講談社に事情説明を求める会社、トラブルに巻き込まれまいと早々と広告掲載一時見合わせを決める会社が続出したらしい。

中には「広告掲載に問題はないと考える」といった気骨ある回答を示したスポンサーもあったというが、そういう会社はたちまち右翼の抗議行動に見舞われ、街宣車の攻撃にあったらしい。こういう攻撃には体質的には弱い企業のこと、スポンサーをおりるところが次々と出、講談社の広告部は完全に音をあげてしまったようだ。

これと並行して右翼側は、『ペントハウス』10月号に「男女の性交場面を描いた漫画や婦女の性器を露骨に撮影した写真」があり、これは「猥せつ文書等頒布の罪」にあたるとして、警察当局に告発するという戦術を展開した。これも、各地区の警察署にそれぞれが告発状を提出するという戦術だったらしいが、事務手続き上煩雑なので、警視庁が一括して扱うことになった。被告発人は講談社の野間惟道社長と名田屋編集長であったが、12月に名田屋編集長が3回、伊藤編集局長が1回、警視庁の取り調べを受けた。

これらの攻撃、特にスポンサーへの圧力は、講談社にとっては深刻な問題となったようで、遂に『ペントハウス』12月号誌上で謝罪文を掲載することに決めた。

《●お知らせ　本誌10月号「浩宮殿下直撃インタビュー」中、表現に配慮を欠く部分がありました。

今後、慎重に対処致します》

これら抗議団体の連絡先ともなった右翼系「国民新聞」10月15日号は「講談社が謝罪措置　エロ雑誌『ペントハウス』10月号の不敬」と題し、この事件を大々的にとりあげているのだが、問題点として次の4点を掲げている。そのまま引用しよう。

《①「ペントハウス」日本版が、英文の題名で偽装し、先ごろ禁止された「ビニール本」なみの風俗壊乱を公然と行い、書店の店頭に陳列されていること。②日本版の編集に当っているものが共産系過激派の中核活動家崩れの一派であること。③その狙いが日本民族の精神的堕落と一億総痴呆化、皇室軽侮の思想謀略の一環として展開されている疑いが濃厚であること。④雑誌全体が刑法の「公然わいせつ文書頒布罪（刑法一七五条）」に該当すること》

そしてこの事件の背景は次のようなものだという。

《講談社は先年のスト騒動以来、革マルや中核派などの元過激派の活動家達が巧みに偽装、編集部門に潜入している。（略）この種の分子は月刊『現代』『週刊現代』『日刊ゲンダイ』などにも潜入、反国家、社会攪乱のための言論操作に暗躍しつつある。》

講談社が元過激派の拠点という認識には驚いてしまうが、それはともかく、この事件を契機につくられた「愛国運動推進機構」では、「皇室に関する悪書、とくに最近続出している反天皇制の出版物発行の出版社、エロ・グロ雑誌や単行本発行の出版社の一覧表とその広告主の一覧表、さらに偏向マスコミ（新聞・放送）のスポンサー一覧表など一連の調査活動を進め、反国家・反社会・反道徳の悪書追放と偏向マスコミ追撃の運動を全国的に盛りあげる方針」だという。

スポンサーへの攻撃を右翼団体が戦術の一つとして掲げたのはこの頃からではないだろうか。「国民新聞」の山田恵久さんによれば、「スポンサーへの対応は各民族団体が個別に行ったので詳しくはわかりませんが、各スポンサーとも反応が早く、予想以上の効果があったと考えています」とのことである。

ところで、問題とされた『ペントハウス』の記事だが、これは浩宮殿下の恋の相手かと地元メディアが報道している女性へのインタビューをメインにしたものだ。海外で現地メディアが勝手に報じたゴシップを紹介したその記事が、右翼の猛攻撃を受けるとは、編集部は思っていなかったかもしれない。

確かに記事冒頭の中見出しが「〝プリンス・ヒロはエバをモノにできるのか？〟――現地紙には連日、大見出しが」となっているなど、ドキッとさせられる誌面ではあるのだが、これもよく見れば、「モノにできるのか」というどぎつい表現は、地元の大衆紙がつけたタイトルだ。

1985年という、まだ昭和天皇が健在だった時代には、ヌードの多い雑誌でこんなふうに皇室を取り上げただけで、右翼団体の猛攻撃を受けた。当時の皇室タブーのありようを示す事例といえよう。

## 『フォーカス』に載った一枚の写真

さて、そこで話が終わるわけではない。その『ペントハウス』事件の前年、1984年5月25日号

『フォーカス』1984年5月25日号。観光旅行中の女性と記念写真

の『フォーカス』に掲載された上の写真をご覧いただきたい。同じ写真は女性週刊誌でも紹介されたから、恐らくここに写っている女性か、その関係者が持ち込んだものだろう。

この女性は観光でロンドンを訪れたのだが、そのパッケージツアーでの移動中、たまたまオックスフォード大学のマートン・カレッジで浩宮殿下がキャンパスを歩いているのを見つけたという。そして大胆にも、カメラを持って走り寄り、「宮さま、お写真を撮らせていただけませんか？」と話しかけたのだという。添乗員は青くなって必死に止めようとしたが、間に合わなかったらしい。そして声をかけられた浩宮殿下は気さくに「いいですよ」と応じ、このツーショット写真が撮影されたというわけだ。

さらに『フォーカス』の記事によると、この女性は大阪・キタのクラブホステスだった。記事の見出しはこうである。「腕を組んで記念写真――英国で浩宮さまと会った〝大阪ホステス〟」。別にホステスだからどうということはないのだが、掲載された写真と見出しを見て驚いた人は多かったに違いない。日本では考えられないことだからだ。日本でも3・11以降、皇族の被災地訪問で、市民が直接彼らと対話する光景は一般化したが、まだこの写真の時代はそうではなかった。

なぜ日本では考えられないことが海外では可能になるのか。浩宮殿下と一緒に記念写真などというのは、警備上の問題を別とすれば、日本ではタブーに関わること、「畏《おそ》れ多い」ことと受け止められるのだが、それは、日本を一歩出ると根拠を失ってしまうものなのかもしれない。日本人が抱いている皇室タブーの呪縛とは、ある種のイメージによって歴史的に形成されたものにすぎない。そんなことを、この事例は想起させる。

ふたつの記事はともに、留学中の浩宮殿下が、英国のキャンパス内で声をかけられて気さくな対応をしたことで成立したものなのだが、発売後に受けたリアクションは対照的だった。

皇室をめぐるタブー意識とは、日本国内でしか強固には存在せず、しかも歴史とともに変容していくものなのかもしれない。

# 第5章　天皇コラージュ事件

## 新作の映画にも昭和天皇が登場

２０１４年6月、映画監督の大浦信行さんと新宿で会い、２時間ほど話を聞いた。直接的なきっかけは、大浦さんが監督した映画「靖国・地霊・天皇」が、同年7月19日からポレポレ東中野などで公開されることで、４月頃に大浦さんからＤＶＤが送られていた。

大浦さんのそれまでの映画は全て見ているし、以前に上映時のトークに呼ばれたこともあった。前作「天皇ごっこ――見沢知廉・たった一人の革命」については、『創』で鈴木邦男・雨宮処凛両氏と大浦さんの鼎談も掲載した（２０１１年11月号）。私はこの機会に、大浦さんの作品を貫くテーマやそこで描かれている天皇の問題について、じっくり話してみたいと思った。

大浦さんについて『創』が最初に取り上げたのは、１９８６年に富山県で開催された美術展「86富山の美術」に展示された大浦さんの版画作品「遠近を抱えて」が右翼団体の猛攻撃を受けた事件をめぐってであった。14点の連作であるその作品には、コラージュの中に昭和天皇が含まれていた。その経緯については後述するが、その後、都内で開かれた大浦さんの個展を見に行った際に、私はその問題とされた作品「遠近を抱えて」の現物を見ることができた。

富山での事件の後も、沖縄での美術展でこの作品が展示中止になるなど、「遠近を抱えて」はいろいろなところで問題になっていたのだが、そうした事態に臆《おく》することなく、作品を展示している大浦さんの表現者としての姿勢に共感した。それればかりか、その後、大浦さんが次々と発表する映画にも「遠近を抱えて」の天皇の画像が登場した。「靖国・地霊・天皇」にももちろん描かれている。

右翼の攻撃や、展示側の規制によって度々受難に遭いながらも、大浦さんが昭和天皇というモチーフにこだわるのがどういう意味を持っているのか。それを聞いてみたいと思った。

映画「靖国・地霊・天皇」はタイトルのとおり、靖国や天皇をテーマにしたものだが、靖国問題をめぐる解説を求めてこの映画を見る人は、はぐらかされた気になるかもしれない。確かに靖国問題をめぐる左右の意見は取り上げられてはいるのだが、その映像に突然、「地霊」役の前衛舞踏の女性が登場するなど、この作品も、これまでと同じ〝大浦ワールド〟が描かれたものだ。

そもそも版画「遠近を抱えて」も、そのコラージュの素材には、昭和天皇の写真だけでなく、著名な写真家マン・レイの撮った裸婦がいきなり登場していたり、決してわかりやすいものではない。大浦さん本人も言うように、決して右とか左とかいうイデオロギーから昭和天皇をモチーフとしているのではないのだ。

そのあたりについて本人の話を紹介する前に、まずは1986年に、大浦さんの出身地である富山県で起きた事件を振り返っておこう。

## 右翼の街宣車52台が全国から結集

大浦さんの代表作というべき版画「遠近を抱えて」は、彼が美術家を志してニューヨークに渡った時に制作された作品だ。１９８５年に帰国した大浦さんは、その作品を同年に栃木県立美術館にて展示。続いて翌年3月13日から富山県立近代美術館で開催された「86富山の美術」で、14点のうち10点が展示された。同美術館では、その作品のうち4点を、所蔵するために大浦さんから購入もしたというから、作品の評価は高かったわけだ。

問題が起きたのは、その美術展が4月13日に終了してから2カ月近く経た6月4日のことであった。富山県議会の教育警務常任委員会で、自民党と当時の社会党の議員から、「遠近を抱えて」に対する批判が表明されたのだった。最初に発言したのは自民党の石澤義文県議で、「天皇陛下の写真に女性の裸体や人間の内臓図、骸骨などを組み合わせたもので、何ともわけがわからず不快感を覚えた」というものだった。続いて社会党の藤沢敦県議が「国民が天皇在位60年を祝賀した直後に、こうした作品を展示するのは、芸術の美名に隠れて一部の者が快楽を覚えているだけではないか」と発言した。これが翌日の地元紙などに報じられ、騒ぎになっていった。

右翼団体などが美術館や県教育委員会に抗議を行い、作品の撤去や焼却、さらに館長の処分などを要求した。騒ぎを聞きつけた宮内庁から県に問い合わせが入るという一幕もあった。7月21日には、福井市の雷鳴塾などを始めとして全国から駆け付けた右翼団体30数団体約２２０人が街宣車52台を連ねて県教育委員会や美術館に抗議行動を展開した。

その直前の7月18日、美術館は大浦作品を非公開とする館長見解を県議会で報告、作品を紹介した「図録」の非公開も決めた。後に、その図録を所蔵していた富山県立図書館も、閲覧制限を決めている。

この間、美術館や図書館の自粛措置に反発した市民からは逆に大浦作品の開示請求が出され、対立は長期化をたどる。1987年には朝日新聞阪神支局襲撃事件が起こるなど、日本全体が重たい雰囲気に包まれた時期でもあった。

事件が新たな展開をたどったのは90年に入ってからだった。富山県立図書館が図録を非公開にしていたことが日本図書館協会などでも問題になり、同図書館は公開に踏み切るのだが、その公開初日の5月22日、富山県の神社で神職を務める男性が、警察の警備を振り切って、図録の大浦作品のページを破り捨てたのだった。器物損壊に問われた男性は翌年有罪判決を受けるのだが、裁判には右翼や市民が傍聴に訪れ、注目を浴びた。

この神職は、自らを右翼とは区別しているのだが、大東塾

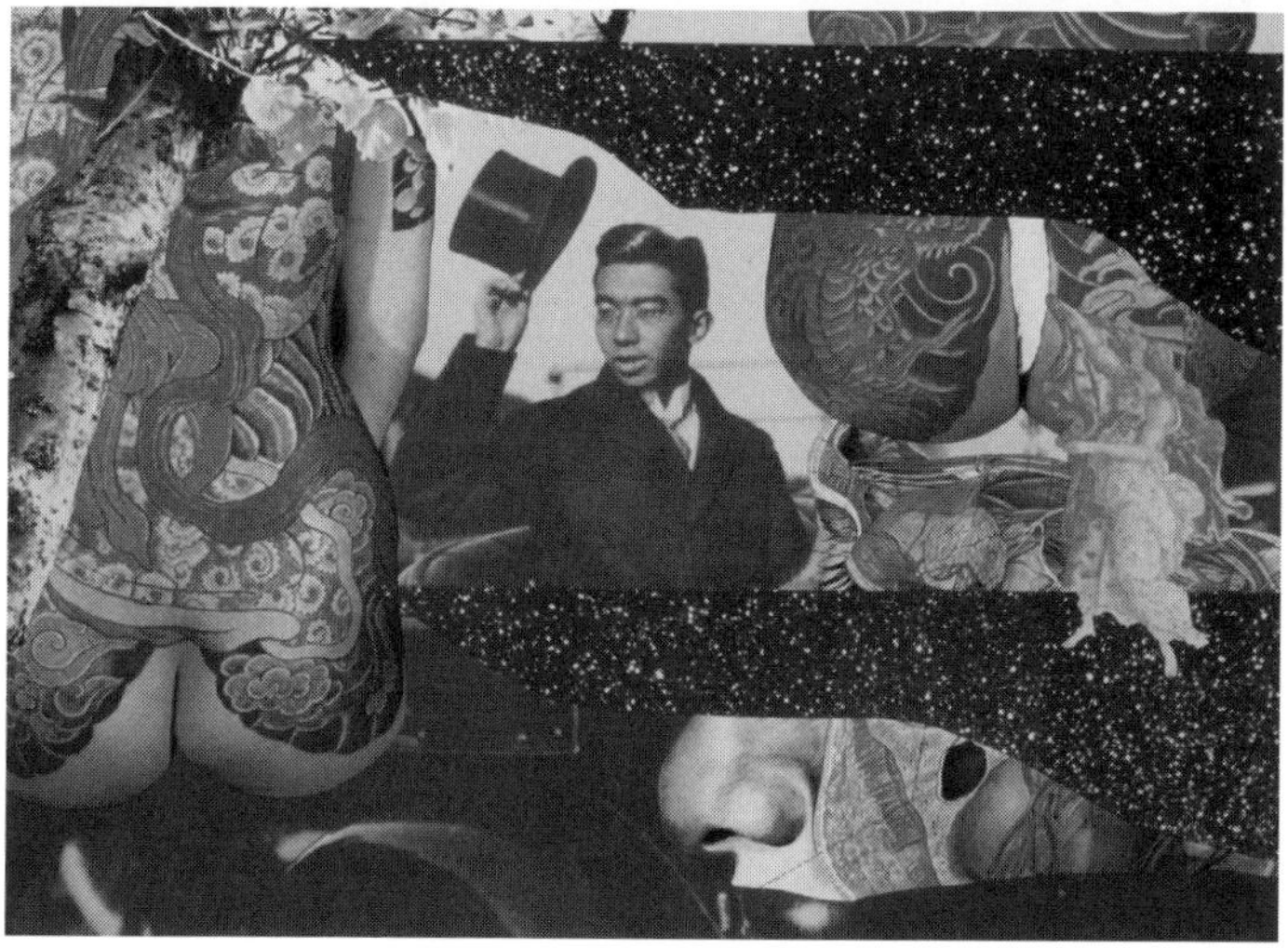

大浦信行さんの版画「遠近を抱えて」の1枚

で薫陶《くんとう》を受け、天皇を崇拝する人物で、裁判でも一貫して、「天皇を侮辱する作品に表現の自由は認められない」と主張した。

騒動の舞台は富山県だったが、当時、大浦さんは東京在住だった。大浦さんのもとにも当然、右翼団体からの抗議は行われた。当時の状況を大浦さんがこう話す。

「突然電話で『けしからん』と抗議してくるというのはしょっちゅうでしたが、閉口したのは、夜中の2時50分に毎晩、無言電話がかかってくるんです。これはもう組織的な嫌がらせだと思い、寝る前に電話線をはずすことにしました。それで2~3週間経ってから、もういいだろうと思ってつないで寝たら、驚いたことにまた2時50分にかかってきたんです」

## 富山県立図書館の図録を公開初日に破り捨て

当時は身辺警護のために、地元警察の刑事が10日間ほど大浦さんの自宅周辺を見張っていたという。図録を破り捨てた神職も、わざわざ富山県から大浦さんのアトリエに二度にわたってやってきた。

「最初は自宅に来たらしいんですが、どうもかみさんがいなかったようで、突然、僕のアトリエを探し当ててきたんです。一応、名前を名乗っているし、僕もアトリエに上げて、話を聞きました。ふたりだけだし、椅子に座って近い距離で話し合いになったので、もし彼が短刀でも持ってきていたらと考えると、不気味でしたね。彼は、僕の作品はこの世にあってはいけないもので、『天皇陛下に申し訳ない』『抹殺したいんだ』と言っていました。

2回目に来た時は、突然、僕の作品を売ってほしいと要求しました。買ってどうするんですかと訊いたら、『燃やしてこの世から抹殺する』と言っていました。『不敬物なのでこの世になかったことにしたい』と言っていました」(大浦さん)

ふたりきりで対峙するというのは危険な状況で、大浦さんが無事だったことを喜びたいが、この神職の男性は、1991年に、当時発行されていた『ゼンボウ』という右派雑誌に自分の心情を寄稿している。前年5月22日に富山県立図書館で図録を破り捨てるという行動を起こす時には、逮捕も覚悟したようで、もう家族とも会えなくなるかもしれないと、前日に子どもたち3人を連れて山へ出かけたという。その心情をこんな歌に詠《よ》んでいる。

版画「遠近を抱えて」より

「明日よりは賊の名を着る父なれば
子らを野山に連れて遊びぬ」

そして決行日の朝には、これでとうとう家族を道連れにしてしまうのかという思いに駆られ、こういう歌を詠んだ。

「花さそふ春に逆らひ嵐よぶ
道に妻子を連れしこの朝」

この神職は事件後に警察署で取調べを受けたが、勾留はされず、その夜遅く帰宅した。その行動について書いた『ゼンボウ』の手記の一部を引用しよう。手記も実名だし、実名を名乗って行動するという其の姿勢には敬意を表するが、もうだいぶ昔の事件なので、今回の引用にあたっては本人を匿名にした。歴史的仮名づかいであるのは原文通りである。

《県立図書館に着いたのは九時四十五分頃で、駐車場に車を入れてゐると早くも近くの車から、三人の私服の警察官らしき男が近付いて来て、私が車の施鍵をしてゐる背後から「Iさんですか」と声をかけて来たが、相手が官姓名を名乗らないのでそれを無視して歩き出した。すると男は横に来て何度もしつこく聞くので「あなたは誰ですか」と尋ねると、胸の内ポケットの警察手帳をチラッと見せて初めて「小杉署の者です」と答へ「Iさん穏やかにして下さい」と歩きながら言って来たが、私は警察官の顔も見ず、何も答へず図書館の正面玄関から中に入って行った。

図書館の閲覧カウンターで問題の目録『86富山の美術』の閲覧を申し入れたが、カード検索等私は不慣れな作業が有って若干時間を取られたが、やがて図書館職員が奥からその目録を持って来てカウンターの上から置いたので、私はその場でそれを開き、不敬作品の掲載されてゐる頁を捜し出し、見開き左右に分れた大浦信行作『遠近を抱えて』の写真頁を一枚づつ破り、それを合せてまた破った頃、ガラス戸一枚隔てたロビーで見てゐた警察官三人が足早に近づき、その内の一人が私の背後に回り「Iさん止められ（止めなさい）」と小さな声で言ってゐたが、私は構はず、修復不可能になるよう何度も何度も小さく破り、最後にそれをカウンター上に叩きつけ「館長を出せ！」と一言大きな声を出した。

後に居た警察官は「Iさん大きな声出されんな（出さないように）」と小さな声で言ってゐたが、

囲りの図書館役員はかなり狼狽してゐたやうだった。警察官はバラバラに散らかった破片はそのままにして置くよう図書館職員に言ひ、別の若い警察官に「無線入れて、やった言ふて」と小さな声で言ってゐた。さうする内に二階から副館長が降りて来て若干やりとりがあったが、やがて警察官と一緒に図書館を出て、小杉警察署に向った。

警察での取調べは極く普通な取調べだったと思ふが、図書館で私に任意同行を求め、そのまま取調べを担当した警備課警察官が、全くと言ってよいほど民族派の動向を知らず、これには驚かされた。取調べも夜に入り、九時を過ぎると署内も静かになり、取調室の白い壁を見てゐるとふと、家に居る家族の事が思ひ出されてきた。家族は未だ私が何処に居るかも知らないであらう。子供達は寝たであらうか。寝たきり痴呆の祖父は、また家内を困らせてゐるのではないだらうかなどと。》

## 沖縄の美術展でも出展を拒否される

図録破棄事件は大きな議論を巻き起こし、1991年には、市民グループによって大浦作品の公開を求める500人の署名が美術館に届けられたり、同年夏には富山市民プラザで「表現の自由を考える有志展」が開催された。しかしこの展覧会についても、右翼側の抗議行動を恐れた会場側が直前に会場使用中止を通知し富山地裁に仮処分申請がなされるなど二転三転を繰り返す。

その後、美術館側は1993年4月19日、この問題に決着を図るために、所蔵していた大浦作品を売却し、図録470部を焼却処分にするという措置に出た。それに対して大浦さんや市民グループは、

1994年6月23日に、美術館の大浦作品売却や図録焼却処分は不当だとして、館長と教育委員長を相手に損害賠償を求める訴訟を富山地裁に提起する。裁判は最高裁まで争われ、原告敗訴の判決が確定したのは2000年10月のことだった。

「遠近を抱えて」の受難は、この富山県での事件にとどまらなかった。2009年には沖縄県立博物館・美術館で開催された憲法9条をテーマにした展覧会でも、直前になってこの作品を展示からはずすという通告がなされ、大浦さんらが抗議する事態となった。右翼団体の抗議があったわけでなく、美術館側の自己規制によるものだった。大浦さんがこう話す。

「もともと『平和9条展』のようなもので、オノ・ヨーコさんなども含めた何人かの表現者の作品を展示するという企画でした。ニューヨークと東京で開催され、最後は沖縄で展示される予定だったのですが、どうも沖縄の美術館が僕の作品を見て、展示できないと言い出したようなのです。

実は開催の1~2カ月前から、キュレーターと言うんですが、企画を立てた人から、僕の作品を別のものに替えてくれないかという打診があったのです。当時僕は『日本心中』という映画を作っていたので、『遠近を抱えて』を展示せずにその映画上映に替えてもらえないかと言ってきた。どうも美術館の学芸員からそう言われたらしいんですね。

でも僕はそんなことをしても問題をすり替えるだけだから、と断ったんです。その時、僕は代案として作品を裏返しにして展示するのはどうかと提案しました。もちろん但し書きを入れてですが、でもそれは抗議の意思表示になってしまうからと、美術館側は拒否したんです。それで結局、美術館側は、僕の作品は展示させないと一方的に通告してきたんですね」

## 大浦作品に登場する昭和天皇の意味

さて、何度も受難に遭いながらも自分のテーマとして一歩も譲らないという大浦作品における昭和天皇というのは、どんな意味を持っているのか。その話に移ることにしよう。大浦さんは若い頃から美術家を志し、ニューヨークへ渡る。10年ほどに及ぶニューヨーク滞在中の32〜33歳の頃に描いたのが「遠近を抱えて」の連作だった。そこで昭和天皇がどんなイメージとして浮かび上がったのか、本人に改めて聞いた。

「昭和天皇は、子どもの頃、学校から国体を観に行った時に実際に目にしたことがありました。僕は駒沢に住んでいたんですが、駒沢競技場で開催された国体を観に天皇・皇后夫妻が来ていたんです。でもそれに限らず、僕は戦後生まれですが、天皇は新聞とか雑誌で身近に見ている存在でした。学生運動をやってて、反権力の観点から天皇制を批判したとか、そういうイデオロギー的な関心じゃないんです。むしろニューヨークへ行っていたことで、子どもの頃とまた違う意味で天皇を相対化して見れたと思うんですよね。

そもそも僕は、社会や現実と向き合わないところがある日本の美術界に疑問を感じて、ニューヨークで美術家をめざそうとしたのです。でも見知らぬ土地へ行って作品を描いていても、暖簾《のれん》に腕押しみたいな感じがあって悩んでいたんですね。

そうしたなかで、ある時、自分自身を描けばいいんじゃないかと思いついた。もちろんただ自分の顔を描くという意味ではなくて、自分の内なるものを描いてみたいと思ったのです。『心の問題としての自画像』ですね。なんかこう、心の中の変化・変遷してゆく自分を描きたい、と。

そう考えている時に、天皇と自己を重ね合わせることを思いついたんです。自分の中に無意識にあるだろう〝内なる天皇〟というイメージですね。自分の中に無意識に抱え込んでいた〝内なる天皇〟を自画像を描くなかで描いてみたいと思ったんです」

あなたにとって昭和天皇とは何ですか？　その問いをもう私は何度も大浦さんに投げているのだが、自画像だ、天皇も自画像だ、とわかったようなわからないような返事が返ってくる。しかし、話を総合すると、海外へ行って自分のアイデンティティを模索するなかで天皇に行き着いたということらしい。確かに天皇、特に昭和天皇というのは、一定以上の世代の日本人の深層心理に影を落としている可能性がある。我々にとってそういう存在なのかもしれない。

戦前の人たちにとっては、天皇の写真は「御真影」だった。しかし、戦後生まれの我々の世代には、それとは別の意味で天皇の像が自分たちの中に埋め込まれている気がしないでもない。

「遠近を抱えて」の14点の版画の中には、昭和天皇の若い頃のコラージュも登場する。たぶん平成以降の世代の人たちにとっては、それは昭和天皇であることもわからない。「これは誰？」という存在でしかないだろう。天皇のイメージはそんなふうに、同じ日本人でも世代によって異なる。

映画「靖国・地霊・天皇」でも、「遠近を抱えて」に描かれた昭和天皇が、突然、スクリーンに登場する。それは日本人とは何なのか、自分は何者なのかという大浦さんの問いの表われなのかもしれない。

その天皇のイメージと、それを畏怖するという皇室タブーとが密接に関わっていることは間違いない。それは本書がテーマにしている「皇室について日本人の持っているタブー意識とは何なのだろう?」という問いにも通じているような気がするのだ。

右翼の抗議を受け、危険な目にあいながら、なおも作品の中に昭和天皇を登場させる大浦さんのこだわりはいったい何なのか、改めて考えてみたいと思った。

# 第6章 天皇Xデー記事で『創』へ街宣

## 大手マスコミのXデーマニュアルを掲載

1980年代前半、皇室タブーをめぐる事件の代表的なものといえば、1980年に起きた『噂の眞相』の「皇室ポルノ」事件だろう。『噂の眞相』は、2019年1月に亡くなった岡留安則さんが創った雑誌で、タブーに果敢に斬り込むことをモットーにしていた。かつて「皇室ポルノ」つまり、エロ写真の顔だけを天皇にすげかえるといった仰天のコラージュがアングラ市場に出回った。その話を紹介した記事なのだが、同誌編集部のすごいところは、その記事に「皇室ポルノ」そのものを写真として添えたことだった。今思えば、まさに「命知らず」の行為ともいえた。

当然ながら右翼団体は激高し、抗議に立ちあがった。それも、ハンパな抗議ではすまないと考えたのだろう。いきなり印刷所に押し掛け、同誌の印刷を断念させた。つまり、最初から『噂の眞相』を潰そうという抗議行動だった。

さらに岡留編集長が通っていた新宿ゴールデン街に、暗殺指令を受けた男が徘徊《はいかい》しているという噂も流れた。流血は必至という緊迫した状況に陥ったのだった。

結局、最終的には、岡留編集長が右翼団体を訪ねて話をつけ、前代未聞のお詫びが掲載された。「臣・岡留安則」の署名で天皇陛下や皇太子殿下にお詫びをするというもので、平身低頭もここまでいくとパロディになっているとして評価する向きもあった。

そして80年代後半、昭和天皇が高齢になり、間もなくXデーが訪れると言われるなかで、雑誌メディアが皇室タブーに触れて右翼団体の攻撃を受ける事例が目につくようになった。そんななかで、『創』も右翼団体の総攻撃を受けることになったのだった。

この『創』の事件については、既にいろいろなところで記事にしてきている。ここでは拙著『生涯編集者』の記事をベースに使うことにする。

㊙

昭和史特別番組

放送内容

[redacted]

テレビ朝日総務局

60.12.1

マル秘印が押されたマニュアル

『創』では天皇報道について何度も特集を組んできたが、1986年4月号の特集「〝最後のタブー〟天皇報道を考える」の巻頭レポートは「スクープ！　民放ラジオ局の天皇Xデー対策をすっぱ抜く」であった。

「昭和の終わり」を意味する天皇の死去を想定して、新聞社や放送局がかなり前から入念な準備を行っていることは、様々な雑誌や単行本でそれまでも指摘されていた。テレビ局の場合は、その日に流すＶＴＲの収録も行われ、ラジオ局ではその日に流される楽曲もリストアップされていると言われていた。そうした準備のあらましは、それまでも記事にはされてきたのだが、なぜこの時の特集で『創』が「スクープ！」と銘打ったかというと、その資料の現物が手に入ったからであった。

天皇Xデー関連の資料は、もちろん各マスコミで極秘扱いだった。だが、ある時期以降、昭和天皇の健康状態をにらみながら、各社とも準備の幅を拡大していった。極秘資料を目にする社員の数は少しずつ増えていき、『創』にもその一端が流れてくることになったのだった。

「昭和の終わり」のその日にマスコミがどう対応し、どういう報道をするのか。この問題は、日本のジャーナリズムにとっては、まさに試金石ともいうべき事柄だった。

右翼団体の抗議にさらされた『創』の記事は88年2月号に掲載された「天皇Xデー・昭和最後の日」だった。いや正確に言えば、その記事の末尾に添付された「XY時放送マニュアル」「昭和史特別番組放送内容」という資料だった。

87年秋に昭和天皇が突然倒れ、手術が行われた。亡くなるのは89年なのだが、マスコミはその間、膨大な量の天皇報道を繰り広げた。厳重に保管されていたXデー対策マニュアルは、社外秘扱いながら報道現場のスタッフにまで渡されるようになった。

マスコミがXデーに備えてどう動いているのか、編集部では記事の末尾に、現物の対策マニュアルを掲載することにした。現物がまるごと公表されるのは初めてだった（前述した86年の特集の場合は、一部のリストのみ掲載した）。

掲載したのはテレビ朝日のマニュアルで、「昭和史特別番組放送内容」という具体的な番組表もついていた。どういう内容でどんなゲストを呼ぶか、VTRはどれを流すかといった中身が秒刻みで書き込まれた詳細なものだった。その日に備えて、新聞は予定稿を、テレビはVTRの収録まで、事前に行っていたのだった。

実はこの時、テレビ朝日以外にTBSと日本テレビのXデーマニュアルも入手していた。その中からテレビ朝日のものを掲載したことが後に意図せざる意味を持ってしまうのだが、他の2社のものを掲載しなかったのは、入手源がバレてしまう恐れがあるからという単純な理由だった。もちろん掲載にあたっては局名は伏せておいたのだが、中に出てくる「ANN臨時ニュース」といった表現から、見る人が見ればテレビ朝日とわかるものだった。

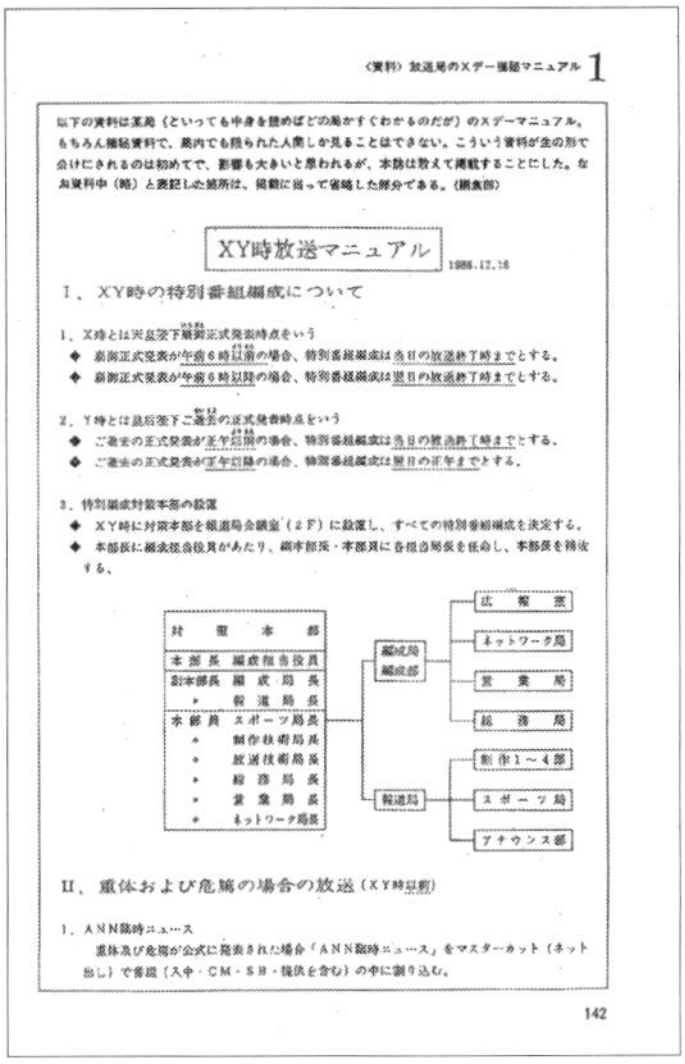
〈資料〉放送局のXデー極秘マニュアル 1

XY時放送マニュアル

I、XY時の特別番組編成について

II、重体および危篤の場合の放送（XY時以前）

1、ANN臨時ニュース

142

〈資料〉放送局のXデー極秘マニュアル 5

昭和史特別番組 放送内容

（最長36時間）午前9時開始

| 時間 | 項目 | 内容 |
| --- | --- | --- |
| 9°00′00″ | 臨時ニュース（2H45分） | |

146

掲載した天皇Xデーの極秘資料

2月号が発売されたのは1988年1月8日。発売から10日を経た18日、その後の行動を予告する電話が、右翼らしい人物からあった。「陛下が病気と闘っている時に亡くなった時のことを載せるとは何事か！」という趣旨だが、「右翼をなめるなよ！」「腹をくって待ってろよ」など、口調は威嚇的であった。

## 8台の街宣車と40人以上の右翼

街宣車による抗議が行われたのは、1週間後の1月27日のことだった。

当時、編集部は都内・赤坂にあったのだが、住居用のマンションで、防音設備もしっかりしていたので、街宣車が8台も訪れて付近が大騒動になっていることを、編集部では当初気づかないでいた。

昼少し前だった。マンション入り口に詰めている管理人から連絡が入り、創出版を訪れた人たちが入り口を開けろと言って押問答になっているという。「わかりました」と答えてボタンを押してドアを開け、私も入り口に向かおうとしたら、先に来訪者が何人かやってきた。部屋の入り口でドアを叩き、「おい、出てこい!」と大声をあげる。すぐに部屋に乱入してこないのは、住居不法侵入になることを知っているからだろう。

私の方は別に逃げるつもりもないから、「いま、行きます」と答えて、マンションの入り口へ行った。

外へ出て一瞬、めまいがするような感覚を覚えた。マンションの前は細い道なのだが、そこに街宣車がズラッと連なっている。あとで8台とわかるのだが、列がどこまで続いているのか先が見えないほど並んでいた。

既にスピーカーの音量をいっぱいにして付近を徐行運転していたようで、閑静な住宅街であった近所はパニック状態。マンションの管理人や警察に通報が相次いでいた。

『創』編集部を攻めるにはあまりにも大がかりな抗議だったが、どうやらその日、近くのホテルニューオータニにソ連の要人が訪れており、そこへ抗議するために結集した部隊であったらしい。

近所の人たちに迷惑をかけるわけにはいかないので、とりあえず先方の話を聞くことにして、「代表の方だけ入っていただけますか」と尋ねた。すると、10団体40人以上が来ているという。結局、20人ほどが部屋に入り、私は一人で取り囲まれる格好になった。

「きょうは話し合いでない。抗議に来たんだ」

そう最初に言われた。どうも詳しく事情を説明されないまま訪れた団体もあったらしい。最初にリーダー格の人物が他の右翼に事情を説明した。仕方なく私も現物の雑誌を彼らに配った。

雰囲気は話し合いというより、糾弾であった。糾弾の対象は『創』だけでなく、当時の他のマスコミの天皇報道にも広がった。槍玉にあがった一つはテレビ朝日の「ニュースステーション」だった。久米宏キャスターが右翼をからかうような発言をしたとかで、彼の名前が出た時には、興奮した若い右翼が「あんな奴は殺してもいいんだ!」と叫んだ。白昼、「殺す」といった表現が公然と口にされる雰囲気に、私は一瞬、言葉を失った。

話し合いという雰囲気でないことを承知しつつも、私は記事掲載の理由、編集方針などを説明した。どうやらその日のメインスケジュールであるソ連要人への抗議行動は、その後に控えていたらしい。1時間も過ぎると彼らは引き上げていった。私は、再度話し合いを持つことを約束した。

## 広告スポンサーへも攻勢

話の中で、彼らが『創』の広告スポンサーにも抗議を行っていることを述べていたので、営業担当者を通じて調べてみると、確かに企業に抗議がなされていた。当初は問題とされた2月号に広告を載せた企業が対象だったようだが、それから約3カ月間ほど、右翼側は「兵糧攻め」と称してスポンサーへの抗議を拡大。後述するテレビ朝日への抗議ともあいまって、かなりの企業がターゲットにされた。

『創』の営業担当者でさえ年に1回しか足を運んでいない関西の企業まで訪れるといった徹底したやり方で、まさにじゅうたん爆撃だった。その結果、大半の企業が1カ月ほどの間に広告掲載を見合わせることを通告してきた。

メディアを攻める際にスポンサーに圧力をかけるというこの戦術、既に80年の『噂の眞相』の事件でも行われているのだが、企業の担当者にとってみれば、とにかく自分のところに火の粉がかかるのを防がなければならない。クライアントが次々と落ちてゆくのを、当方としてはなすすべもなく見守るしかなかった。

右翼側の対応は迅速だった。街宣攻撃が連続して行われる予定であることを聞きつけた私は、とりあえず近々話し合いを持つから、それは控えてほしいとこちらから申し入れた。8台の街宣攻撃の付近の住民への影響は大きかったようで、たまりかねたマンションのオーナーは、不動産屋を通じて立ち退きを要求してきた。

毎日が胃の痛くなるような日々であった。抗議をしてきた右翼には約束通り連絡をとり、話し合いを持った。取材で面識のあった他の右翼に事情を聞くなど、こちらも手を尽くした。

編集部で話し合って、なるべく警察の手を借りずに対応しようと決めた。もちろん相手が直接暴力を行使してきたら警察に通報せざるをえないが、基本的には言論でけりをつけるのが筋だと考えた。

回答せよ、と言ってきた団体には文書を書いたし、必要があれば直接出向くことも仕方ないと思った。一人で先方の事務所に出向くというのは不測の事態も考えられたが、命を落とすのは困るが、ある程度のことは覚悟しようと思った。そう思って意を決して、先方に出向く旨を電話すると、「いや、そこまでしなくとも文書で回答すればよい」と言われ、どっと緊張の糸が緩《ゆる》んだこともあった。

抗議をしてきた団体と話し合いを続け、それが進んだと思った頃に、全く別の団体が突然抗議に押しかけてきた。「もうその件は話し合いをしています」と言っても、「それは別の団体だ」と言う。また一から応酬が始まるのかと考えると、気が重くなった。最後に届いた右翼団体からの抗議文は3月10日付。最初の抗議から2カ月後である。ただ、ある程度事態が進展した後での抗議については、大体、文書のやりとりで決着がついた。

『創』1986年4月号でも天皇報道特集

クライアント攻撃に続いて一瞬緊張したのは、ある団体が印刷所にも抗議したことを知った時であった。印刷所を攻めるというのも80年の『噂の眞相』の事件で既に行われた戦法だ。ただ、これも大事に至らずにすんだ。

## 事件はテレビ朝日へも飛び火

途中から事件はテレビ朝日に飛び火した。

問題とされた記事にテレビ朝日の資料を掲載したのはたまたまだったのだが、これが予期しない事態を招き寄せた。同局の報道姿勢が左翼偏向だという批判と、それが結びついてしまったのである。

テレビ朝日に最初の街宣攻撃が行われたのは2月3日。『創』への抗議から1週間後のことであった。抗議に加わる団体数は日を追って増え、右翼側は後に「テレビ朝日を糾弾する会」という名称を名乗る。『創』への抗議行動では東洋青年有志会という団体が主導権をとっていたのだが、この段階で全体の窓口となったのは新生日本協議会という別の団体だった。

当初は、Xデーマニュアルが事前に漏れたことがけしからん、というのが抗議理由だったのだが、この段階では、そもそも天皇の死を想定したマニュアルを作ること自体が「不敬」である、という主張が行われた。また、テレビ朝日の報道姿勢が「左翼偏向」であるとの批判も加えられた。

テレビ朝日への街宣攻撃は、2月10日、19日と行われた。また郵政省にも「指導監督の強化あるいは免許取り消し」を要求して10日、22日に右翼団体が訪問。23日には民間放送連盟にも抗議が行われた。

その間、「ニュースステーション」を中心に、右翼側はテレビ朝日の番組のスポンサーをチェックし、要求書を送りつけた。

「不敬放送偏向放送を行っている国賊放送局に対して、事実上資金援助を行っているのは、貴社を始めとしたテレビ朝日の番組の提供を行っている企業なのである。……我々は、貴社に対して可及的速やかに一切のテレビ朝日番組のスポンサーから降り、番組提供を中止するように要求する。もしも貴社が我々の要求を無視して、今後も番組提供を続けるならば、それはテレビ朝日の不敬行為・偏向報道の加担者・援助者として糾弾の対象になることを申し添える」

テレビ朝日側は、3月8日に総務部長が右翼側と話し合い、22日には編成担当役員が話し合った。担当役員が登場したことで、右翼側も自分たちの要求が相手に伝わったと判断。これを機に抗議行動は収束していく。『創』が原因で他のメディアにも累が及んだことはまことに申し訳ないというほかなく、私が出向いてテレビ朝日に謝罪した。

## 翌月号に編集部の見解を表明

「ペンは剣よりも強し」という言葉がある。これは、あくまでも逆説的な物言いゆえに意味を持つ言葉なのであって、ペンがそれ自体ゲバルトと対峙し得る物理的力を持っているわけではない。

暴力と直接向かいあう局面に至ってしまった場合に、個々のメディアの取り得る選択肢はある程度制限されざるをえない。しかし、仮に一時的後退を余儀なくされる時でも、どんなふうに後退したのかが重要な意味を持つ。

個々の事件は事情は異なるとはいえ、その決着の仕方は一つの「前例」として意味を持つ。処理の仕方を誤ると、こうした事件は、タブーをますます強める結果を生んでいく。だからこの種の事件を見る場合、最終的にどういう決着がつけられたかが問題とされねばならない。

『創』は、2月7日発売の3月号で「本誌二月号天皇報道をめぐる経過報告」という見開き2ページの一文を載せることにした。本当はもっとページをさいて問題を論じたかったが、何しろ最初の抗議があったのは既に次号の締切時期。2ページを確保するのが精一杯であった。事件が最終決着に至っていない時期には、それをなるべく伏せておこうとするのが商業マスコミの常だが、『創』の場合は、できるだけ早い時期に、読者に少しでも正確な情報を伝えるのが務めだと思った。

その3月号に掲載した一文の大半を引用しておこう。省略したのは経過を説明した部分であるから、引用した部分を読んでいただければ、全体のニュアンスはわかるであろう。

この一文を書いたのは、右翼の抗議行動がまだ続いている最中だった。確か校了までに右翼側との話し合いは始まっていたから、彼らの意向も盛り込んで文章を作ったはずだが、この一文は一歩間違うと事態をさらに悪化させる恐れのあるギリギリのものだった。編集部のスタンスを明らかにしつつ、抗議にも応えねばならない。しかも締切に追われながらの仕事。胃の痛くなる作業だったが、言論・表現に関わる者にとっては、勝負どころだと思った。

《本誌二月号天皇報道をめぐる経過報告
本誌二月号記事「天皇Xデー・昭和最後の日」をめぐって、その後起こった事件と本誌の対応について書いておきたい。こうした事件については、大手マスコミの場合、数行の告知を目立たぬように載せ、対外的には〝不祥事〟としてできる限り隠そうとするのが常であった。メディア批評を編集の柱とする本誌はそれに対して、こうした問題をタブーとさせないためには、そうした事件についてメディア全体に関わる問題としてまずきちんと議論の俎上に載せ、教訓を引き出していくべきではないか、と一貫して主張してきた。他のメディアに対してそう言いながら自己の問題に頬被りするのでは本誌の存在意義はないに等しい。校了間際に起こった事件で、十分な紙幅は割けないし、まだ冷静に自己を対象化できる段階ではないため精神的には辛い作業ではあるのだが、要点を可能な限り書いておこうと思う。（中略）
天皇あるいは天皇制の問題が、マスコミの自主規制や読者の無関心によって殆どまともに議論されようとしない現在（浩宮妃候補は誰かといった表層的な報道は氾濫しているが）、昭和という時代あるいは日本にとって根幹に関わるこの問題を、議論すること自体をやめてしまっては話にならない。本誌はそういう観点からこの問題をできる限りとりあげようとしてきた。ただ、もちろん議論のためには守らねばならないルールがある。仮に批判するにせよ、天皇個人の人格をおとしめたり、揶揄的に中傷するといったやり方は、個人のうっぷん晴らしにはなり得ても、まっとうな議論のためにはかえってマイナスでしかない。そうしたことを「原則」として本誌は天皇報道を行ってきた。

本誌二月号のXデーの問題というのはギリギリの難しいテーマであることはわかっていた。極めて公的な性格が強い存在ではあれ、天皇も身体を備えた一個の人格であり、生き死にに関わる事柄を扱うからには当然慎重でなければならない。ただXデーの持つ歴史的・社会的に重要な意味を思うと、「原則」に則りつつ論じられて然るべきではないかと考えたのである。しかし、抗議を行った側は本誌のとりあげ方が「原則」から逸脱していたと指摘する。「何人かに聞いたが、皆あれはひどいと言ってたぞ」という。もしそういう誤解を与えたとしたら、それは編集者として非力さの故だったとして、素直に反省したいと思う。

「陛下の崩御を期待しているのではないのか」という右翼側の非難には、そうでないことを改めて述べておきたい。むしろ個人的には、昨年秋の手術の際の医師団の献身ぶり、つまり立場の如何に関わらず生命を守るのが自分たちの務め、生命の尊厳はあらゆるものに優先するとの態度に感動すら覚えたものである。国民が注視したあの闘病のドラマは、戦後、ステロタイプ化された「皇室アルバム」風の報道によってしか天皇をイメージできなかった者にとっては、一個の身体を持った具体的人格としての天皇を初めて身近に感じた経験だったのではないだろうか。

風流夢譚事件、パルチザン伝説事件をみるまでもなく、天皇の死に論及することは、右翼側としては神経を尖らさざるを得ないようだ（今回の抗議行動を主導した東洋青年有志会は、パルチザン伝説事件で河出書房新社に抗議を行った団体である）。前述したように、天皇の問題について論議することそのものがタブーとなってしまうようなことはあってはならない、というのが本誌の主張だが、その論議がどのように行われるべきかについては、今回の事件をも教訓として、メディアの側で今後も検証・論議する必要があるように思う。》

後に右翼側はこれを「謝罪文」と喧伝《けんでん》した。また逆に「よくあんな文章で済んだな」という人もいた。私自身は右翼側に対応しながら、結局は策を弄することなく、信ずることをまっとうな形で表現していくしかない、と考えていた。

右翼の街宣抗議を始め、事件の影響は大きかった。ただ今になって思うと、言論をめぐってこういう事態を経験することも悪いことではないかもしれない。後に、新宿のロフトプラスワンでの映画『天皇伝説』をめぐるトークに右翼が多数押しかけてくるなどいろいろなことがあったが、この88年の事件を経験したからこそ、その後の事件に対応ができたのだと思う。

## 第7章 『週刊実話』回収と『SPA!』差し替え

### 「ご成婚」翌日に『週刊実話』回収

1993年6月9日、皇太子・浩宮殿下と雅子妃の「結婚の儀」が行われた。その日、テレビ各局は朝から特別番組を編成してそれを伝えた。ハイライトは午後4時45分から5時14分にかけて行われた祝賀パレードで、テレビは各局がリレー方式で代表取材を行い、中継された。

新聞・テレビはもちろん、週刊誌もその時期を前後して、「ご成婚」について総力をあげて報じたのだった。そしてそのフィーバーの中で、事件も起きた。

「ご成婚」翌日の6月10日木曜日は、『週刊実話』6月24日号の発売日だった。そしてその号がコンビニなどへ届いた早朝、「回収要請」も各店舗に送られた。現場に届いた雑誌は、大半が梱包《こんぽう》を解かれた直後、店舗に並べられずに回収になったのだった。

回収の理由についての説明はなかった。しかし、おりしも皇室フィーバーのさなかだっただけに、書店やコンビニの店員は「時期が時期だけに皇室絡みじゃないか」と思ったようだ。

『週刊実話』を発行する日本ジャーナル出版に6月24日号の見本が届いたのは発売2日前の8日だっ

た。9日が「ご成婚」で取次が休みになるため、日程が繰り上がり、校了も前週の土曜日に早まっていた。

見本誌が8日の午前中に届いた後、それを見ていた社員が目をむいたという。

「すぐに社長のところへ見本が持ち込まれ、社長の判断で回収が決定しました」

そう語るのは同誌の檜垣昭文編集長だ。

「最初は刷り直そうかという話も出たのですが、9日は印刷所も休みで、10日から作業をしたのでは発売日が次の号とあまり変わらなくなってしまう。結局、回収しかないとなったのです」

取次に回収の連絡がいったのは昼過ぎだった。午前中に指示が出ていれば出荷を止めることもありえたが、もう今からでは変更はできない、というのが取次の返事だった。ただ10日の配本と同時に回収要請の文書を書店に届けることは可能だった。電話やFAXを使って必死に回収要請が行われた。

「回収のめどがついたという連絡を受けたのはもう深夜でした。ほぼ100%回収可能、ということだったので、みんなひとまずホッとしたんです。

ところが、発売日の木曜日に出社したら、その号が並んでいる書店があるという話が入ってきた。慌てて社員が手分けして、近辺の書店を回りました」（檜垣編集長）

約9割の回収は達成できたという。しかし、残りは客の手に渡ってしまった。問題の号は休刊扱いとして、使える原稿は翌週の7月1日号に掲載したのだが、前の号を買ってしまった読者から「同じ記事が載っているのはどういうことだ」という抗議の電話が寄せられた。それらへのフォローを含め、回収作業には1週間以上を費やすことになったという。

当時、『週刊実話』の発行部数は約40万部。翌週もそのまま使える原稿は掲載したが、再掲が無理な原稿もあったし、広告はお金をもらうわけにいかないケースも多かった。回収費用も含めて損害は1億4~5000万円になるという。

6月10日の回収騒動はまたたく間に業界に広まった。11日の朝刊で、ベタ記事ながら読売新聞や東京新聞が回収を報じていた。ただ回収理由については発行元が「お答えできない」としたため、わかりにくい内容だった。記事では「指定暴力団山口組系の暴力団との関係を一部報道で指摘された大物総会屋のインタビュー記事も実名入りで掲載されていた」と書かれながら、「インタビュー記事は(回収と)関係ない」という出版社側の否定のコメントが載せられていた。

否定コメントがあるにもかかわらず報道が行われたのは、当初、その記事が回収の原因だという情報が流れていたためだ。警視庁もその情報を聞き込んで、出版社に「事情を聴きたい」と連絡してきたという。

インタビュー記事が載った大物総会屋とは小川薫氏のことだった。「武闘派『後藤組と共闘』で復活　大物総会屋小川薫氏を直撃」と題された4ページの記事だった。その記事のコピーが当初、「これが回収の原因」というコメント付きで業界に出回った。

その見方に信憑《しんぴょう》性を付与したのは、翌週7月1日にその記事も再録されていたのだが、数カ所にわたって表現が修正されていたことだった。当時、武闘派として知られた後藤組からクレームがついて回収し修正して再度発行したのではないかという噂がかなり広がった。

しかし、檜垣編集長は私の取材に対してこう答えた。

「そういうクレームはいっさいついていません。あの修正は、翌週もう一度掲載するにあたり、全部の記事について字句の誤りも含めて見直しをしたのです。その過程で、ここはこうした方がよいという判断からなされたものです。直しが入っているのはあの記事だけじゃないですよ」

実際、記事を再掲載するにあたって、執筆したライターにもそれが回され、タイトルの一部変更などはライターからの提案だったらしい。

## 回収理由については社内にも箝口令

実は『週刊実話』サイドは、回収の原因については、社内にも厳しい箝口《かんこう》令を敷いた。親しいライターにも「回収理由についてはいっさい言えない」と編集者が伝えたようだ。「でも、小川薫のインタビュー記事は違うよ」という説明も付け加えられたという。

7月1日号に掲載された「お詫び」はこう書かれていた。ここでも回収理由は伏せられていた。

《お詫び　「週刊実話」6月24日号（6月10日木曜発売）は記事の一部に不適切な表現がありましたので、臨時休刊とし発売を中止させて頂きました。読者の皆様にご迷惑をおかけしましたことを深くお詫び申し上げます。

㈱日本ジャーナル出版》

謎の回収ということで、この件はその後も幾つかのメディアが報道した。

「『週刊実話』回収騒ぎ　社側沈黙のナゾ」という見出しで報じたのは夕刊フジだった。回収理由として噂になった4つの説を取り上げていた。前述した総会屋のインタビュー記事のほか「警視庁長官の檄を嗤《わら》う山口組の大膨張」「祝！菊の御紋というコピーの入った〝皇室イラスト〟」、それに巻頭の「NEWSスクランブル」でのご成婚パレードに関する記事、だった。

このうち正解は、実は3番目だった。このページもまもなく業界にコピーが出回り、『創』編集部も入手した。

確かにこれは封印するしかない代物だった。ご成婚パレードがテレビに映っている前で男女が後背位でセックスしているイラストだが、「菊の御紋」という文字の「紋」に×が付けられ「御門」に書き替えられていた。アナルセックスと意味をダブらせたらしい。皇室タブーが存在することを知ったうえでこれが描かれたとすればすごいことだが、編集部も見本誌ができるまで見逃していたほどだから、そこまで考えずに描いてしまったというのが実態ではないだろうか。そのまま販売されていれば右翼団体の激しい抗議にさらされたのは確実だろう。

事前の自己規制で回収され、問題の記事について箝口令が敷かれたため、騒動にはなったものの、それ以上の大事には至らずに済んだといえる。そのイラストが原因だと業界に噂は流れたが、あまりにひどいイラストでその内容を描写するのもはばかられたという事情も、真相封印に寄与したと思われる。しかし、これが実は後に思わぬ波紋を広げることになった。それについては後述しよう。

## 『SPA!』「ゴーマニズム宣言」が丸ごと差し替え

さて、ご成婚絡みの週刊誌の騒動といえば、もうひとつ、『SPA!』の小林よしのりさんの連載マンガ「ゴーマニズム宣言」が8ページまるごと差し替えられたという事件があった。これも出版社側の事前規制なのだが、筆者の小林さんが納得せず、大きな騒動になった。

問題になったのは1993年6月30日発売の『SPA!』7月7日号だ。「ゴーマニズム宣言」というタイトルの下に次のお知らせが掲載され、それ以外の全ページが扶桑社の自社広告に差し替えられた。

「ゴーマニズム宣言」「カバ焼きの日」の1コマ

《今週のゴーマニズム宣言はお休みになります。来週は再開いたしますのでよろしくお願いいたします。（週刊SPA!・編集部）》

最初の原稿は、6月9日のご成婚パレードを描いた「カバ焼きの日」と題するものだった。皇室問題を報じるマスコミがこわばっていることをギャグにして、パレードの最中に雅子妃が突然、「天皇制反対」を唱えて爆弾を投げたらどうなるだろうかと描いたものだ。

雅子妃が爆弾を投げる光景を描いたページの次にこう書いていた。

「さてギャグ漫画家いわばピエロの妄想すら許さぬ程にこの日本がこわばってるかどーか？」

「前ページのギャグがＳＰＡ！に載ってたら日本の未来は明るいが白紙だったら暗いだろう」

問題の1ページ大のコマが自主規制により白紙になってしまうことを想定し、それをもストーリーの中に組み込んでみせるというアイデアだった。

編集部ではそのギャグが理解され、掲載を前提に編集作業が進められた。ところが校了直前に発行人など上層部が目を通した段階で、それが不可となり、最後は社長判断で、問題のコマどころか8ページ全部が差し替えになってしまったのだった。

『創』93年9月号で小林さんがインタビューに応じてこう語っている。

《『ＳＰＡ！』は水曜発売だが、いつも編集側から火曜日に見本誌が届けられる。原稿がボツになった号（7月7日号）については、月曜日（6月28日）の夕方、外出先から戻ると、留守番電話に「大変なことになりました。至急連絡をください」という担当編集者からのメッセージが入っていた。電話を入れてみて、急遽ストップになったことを告げられ、事態の発生を知った。

その夜遅く、編集長と副編集長と担当編集者がやってきて、力及ばず、上からの指示でどうしても掲載できなくなったと、経過を説明された。具体的に作品のどこが悪いという説明はなかった。上層部は、フジサンケイ・グループ全体に迷惑がかかる恐れもあるという言い方をしたらしい。問題のページだけを落とすことはできなかったのかと尋ねると、全体を自社広告に差し替えてすでに輪転機にかけているので、無理だということだった。今回は連載を休むという、お詫びの文を載せることになったと言って、文面を見せてくれた。

実は、かなり以前にコンテを出した段階で、編集長に「あれでやってもいいんですね？」と念を押してあった。編集長もあれこれと熟慮した結果、大丈夫だろうとOKをだした。それから絵入れを始めた。

皇室報道についてのパロディの次のページで「前ページのギャグがSPA！に載ってたら日本の未来は明るいが、白紙だったら暗いだろう」と書いておいたのだが、結局、そのページどころか連載そのものが掲載されないということになってしまった。

編集長たちの落ち込んだ様子を見ていると、責めるのも可哀相だった。そこで、他の雑誌に発表したいと申し出たら、「それは構わない」という返事をもらった。

あの作品を描いたのは6月9日のパレードのすぐ後だった。たまたま洗足に住んでいたので、当日の騒動に巻き込まれてしまった。自分としては、その場の雰囲気を時代の証言としてドキュメンタリーに残しておきたいと考えた。

また、世の中を見ていて、今回の騒動は〈天皇〉を敬愛しようとしているのか、あるいは〈天皇制〉を持ち上げようとしているのか、わからないところがあったので、そのことも書いておきたいと考えた。》

## 皇室そのものへのパロディは許されるのか？

《そして、皇室報道が徹底的に規制されていることも、からかってみたいとも思った。自分は天皇に対して敬愛の念を持っていると作品の中でも書いていたし、週刊誌の報道を「これは不敬罪にならないのか」と取りあげるという構成で、その部分については問題になりようもなかった。恐らく問題になったと思われる1ページ大の絵も、皇室報道に対するパロディであって、皇室自体へのパロディではなかった。

一体、皇室そのものへのパロディは許されるのだろうか？ 自分自身ははっきりわからなかったので、今回の作品で、現在の天皇制がもっているいくつかの問題点を列挙して描いてみることで、考えを深めるほんの糸口としてみたいと考えていた。ところが、その糸口さえも駄目だということになってしまったわけだ。

今回の事態に遭遇して、天皇や天皇制の問題についてますます訳のわからない不可思議な気持ちになった。イスラム教における『悪魔の詩』の出版の例のように、表現が抑圧され、物も言えないことが日本にもあるんだなあと思った。これほど物が言えないというのなら、やはり天皇は神様なのかもしれない。もし、そうならば神様にこうあるべきだなどと言うこと自体「不敬」じゃないのか。いったいどう考えたらいいのかと憤りさえ感じた。（マスコミは）天皇制をほめたたえるだけで、それでは何も見えてはこない。ところが、ちょっとでも生の感想を言った途端に、それを言ってはならんという力が働いてくる。それを身をもって体験しただけに、いっそうこの問題について、考えていかなければいけないと思った。

連載が落ちたという噂は、いつの間にか広まっていた。「東大一直線」でデビューして以来、病気で休んだことなど滅多になかったので、異変がすぐに伝わったのかもしれない。原稿が落ちたという説明を受けた翌日から社員旅行で4日ほど留守にして戻ると、留守番電話にメッセージがたくさん入っていた。「ぜひうちの雑誌に掲載したい」という申し出もあった。》

この後、小林さんは『SPA!』93年8月4日号の「ゴーマニズム宣言」で「表現の不自由」と題し、マスコミの自主規制に疑問を呈した。もちろん7月7日号の差し替え事件についても触れている。末尾では「今回は、はっきり言って賭けである」と書いたが、結局、この回はボツにならずに掲載された。

ボツになった「カバ焼きの日」を小林さんは結局、『ガロ』に持ち込んで公表した。また『SPA!』の連載をまとめた単行本には、小林さんの要望に応じて、「カバ焼きの日」も収録された。現在は幻冬舎文庫の『ゴーマニズム宣言』第3巻に収録されている。

その書籍には『創』93年10月号の小林さんと鈴木邦男さんの対談も掲載されている。小林さんはこの対談を機に鈴木さんと親しくなり、鈴木さんは「クーニン」の愛称でその後何度も「ゴーマニズム宣言」に登場することになった。

その対談の一部もここに紹介しておこう。

## 殆どの場合、マスコミが自主規制してしまう

《**小林**　ビートたけしですら、皇太子の結婚の時にインタビューを受けた際、自分がよってたつ「笑い」がまったく通用しなくなって、「おめでとうございます」としか言えなかった。自分はギャグマンガ家だから、あらゆる物を見たら、それをパロディにしなければいけないと考えてしまいます。それはプロとしての誇りでもある。ところが、皇室の問題に限ってのみ、パッと身を引いて、もし何も言わないというのでは、自分自身への恥ずかしさが芽生えてきました。

天皇制の問題について、まだ自分の中で決着がついていません。しかし、世間のこわばった雰囲気とか当たり障りのないようにというニュアンスなら、壊せるのではないかと考えました。こわばっているとか緊迫している状況であれば、そうであるほど、笑いというものは生まれてしまうものなのです。

例えば、葬式などの場面に遭遇したら、何かを言わなくてはいけないという本能が自然に沸き上がってくるのが、笑いをやっている人間の宿命だと思います。「天皇とは何なのか?」ということを考えるときにも、パロディというアプローチの仕方があるのではないかと思いました。そうしたら、そのアプローチすらできないと言われて、無性に腹が立ってきました。

**鈴木**　マンガだけでなく、小説や絵や音楽も成り立たなくなってしまいますね。例えば映画「マルコ

ム X」では冒頭で星条旗を焼いてしまいますが、それは芸術であり、フィクションであるからと割り切って、アメリカの観客は見ています。しかし、芸術であり、フィクションであっても、日本で日の丸を焼いたら、多分右翼は抗議にいくでしょう。実際のところ、天皇・日の丸・君が代について合意ができていないので、どこまでパロディの対象にしていいのか、そしてどの程度なら抗議すべきなのか、右翼陣営でもまだはっきりわからない状態です。

本来ならば、もし抗議がきたら、自分で対応すると言っている小林さんのように、自分一人の責任で自由に描くということで事は済むはずなんです。根本的には大した問題ではありません。ただ、それを発表する媒体側が「何かあったらいけない」と考えて、事前に規制してしまう。それが今、大きな問題になっているんですね。

**小林**　もし広告と差し替えになった「ゴーマニズム宣言」の「カバ焼きの日」の巻を発表した時点で、右翼が抗議にきたとしたら、自分がその場に出向くと出版社側に言いました。そして、そこでのやりとりを「ゴーマニズム宣言」に取り上げ、向こう側の言い分や発言を話した通りに載せたいと考えていました。それに対して、自分がどう考えるのかということも描いていこうと。

まだ天皇や天皇制に対する自分の考えが決まったわけではないのです。もしそうしていたら、天皇や天皇制について右翼がどう考えているのか、例えば右翼は天皇自身が好きだと言っているのか、それとも制度が好きだと言っているのか、自分にはよくわからなかった。そういった点もはっきりしたでしょうね。》

## 天皇制と言論の自由

《**鈴木**　変な話ですが、右翼は日本人に対して不信感をもっています。少しでも外国人が日本の中に入ってきたら、日本は危なくなると考えます。同じように、少しでも天皇陛下を批判されたら、右翼は皇室の存在が危なくなると感じてしまいます。でも、天皇制はもっと柔軟で、したたかなものだと思います。どんな批判でも賛成でも、言うことは保証されなくてはいけない。

三島由紀夫は、天皇制と言論の自由は両立しなくてはいけないと言っていました。殆どの場合、「右翼は怖い」ということで、マスコミが自主規制してしまう。実際に問題が発生して、右翼の人たちと討論して、双方の言い分を出しあったということは全然ない。

本当なら公開討論して、それを全部媒体で公表したらいいと思います。それを見て、読者は「右翼の人は理路整然としていて正しい」と思うかもしれない。あるいは「なんて粗暴な人たちなんだろう。こんな連中によって天皇制は守られているのか。それなら嫌だな」と思われて、結局、右翼は自分で自分の首を締めることになるかもしれません。そうなれば、天皇制を守る側も抗議のルールを身につけるでしょう。

今は野放しの状態です。マスコミもびくびくしてすぐに謝ってしまいます。論争にはなりません。それは右翼にとっても、マイナスだと思います。マスコミ各社には天皇制論議をする意欲はなくて、ただ右翼対策だけがあるんですね。

**小林**　今までいろんな出版社側から「話してわかる相手ならいいけど、最初から話にくるつもりがない人もいるんだよ」と言われてきました。そんなことがあるのかどうか、いい機会だからそれを確かめてみたいとも思いました。その一方で、もし裁判にでもなったら、延々と裁判に日にちを取られて、作品を描くこと自体ができなくなるとも言われました。無駄な戦いになるから、いっそのこと止めたほうがいいと。

**鈴木**　昔は小説や論文であっても右翼は抗議に行っていました。しかし、今では、活字の分野では右翼が行くようなことは滅多にありません。マイナー出版社から出ている天皇制を批判的に汚く扱った本や学術論文には行きません。小林さんの場合は、『ＳＰＡ！』という大きなメディアだったから、抗議される可能性が出てきたんですね。

僕は論争ならば、いくらでもやっていいと思います。「天皇制がいいか、共和制がいいか」というような論争なら大いにやろう。しかし、論争にならない部分や言論ではない場合、例えばかつて『新雑誌Ｘ』や『噂の眞相』であったように天皇の顔とポルノグラフィを組み合わせた場合、そういうのは言論ではない。言ってもわからないような批判をした者には、我々はやるしかないんじゃないかと短絡しがちです。この辺が危ない。

どこまで許されるかという点については、僕は言論であればどんな批判でも許されると思いますが、プライバシーの問題で名誉毀損になるような場合は、右翼は抗議します。自分の子供や親のプライバシーが暴かれて嫌だと思うのと同じことを、もし天皇にやられた場合、宮内庁も内閣も警察もそれに抗議しないのであれば、我々は天皇制を守るために行かざるをえないと。すると、抗議されたほうは、「それ見たことか。天皇制はこんなくだらない連中によって守られているんだ」と言います。そういう汚い手を使って右翼を挑発し、天皇制論議をレベルダウンさせるのは、天皇制反対論者にとってもマイナスだと僕は思いますね。

――『SPA!』で差し替えになった小林さんの絵は、どう思われますか?

**鈴木**　問題のページだけを見れば、「これはちょっと」と思う人は多いし、『SPA!』にそのまま載っていたら、恐らく右翼は抗議に行ったでしょう。やはりフジサンケイ・グループの『SPA!』という大きな媒体だったから問題になったんでしょうね。今の時点では、『SPA!』が自主規制したのはわかりますね。

要はフォローの仕方だと思います。ただ挑発するだけでなく、右翼からの批判を受け止めようというフォローがマスコミにあればいい。『フライデー』に三島由紀夫の首の写真が掲載された時、講談社に抗議にでかけたことがあるのですが、当時の伊藤寿男編集長は三島に対する自分の思いを我々に説き、「不愉快に思うかもしれないが、自分は今、三島の叫びを伝えたいんだ」と言って、冷静に我々に対処していました。警察も呼びませんでした。文書を出せという要求にも、詫び状ではなく「自分はこう思う」という意見をはっきりと書いていました。その対応の仕方は立派だと思いますね。

そういった抗議のやり取りは密室ではなく、公開の場でやればいい。そうすると、右翼は抗議のルールを学ぼうともするでしょう。論理的な抗議をしないと、あきれられてしまう。今のままでは、抗議なのか嫌がらせなのか、区別がつかないところがあります。互いに公開の場で討論すれば、我々の抗議が嫌がらせではなく、思想であることがわかります。ただの嫌がらせなら国民の支持を失って消えてゆくでしょう。
　実は、僕のところにも「あそこへ抗議しろ」という一般の人からの電話がかかってきたりします。「あなたがやったら、いいでしょう?」と言ったら、「俺は善良な市民なんだから、逮捕されたら大変だ。だからお前がやれ」と。

**小林**　それはひどい。

**鈴木**　右翼の抗議と言われるものの半分以上は、そうした右翼標榜《ひょうぼう》愉快犯でしょう。論争するのが嫌なので、右翼を利用しているんですね。マスコミもだらしないが、それに乗っかっている右翼もだらしないと思います。

**小林**　ただマスコミで働いている人たちのサラリーマン気質はわからないでもないですね。家庭を抱えているのに、問題が起こったら困るというような気持ちは何となく理解できます。彼らが陰で支えていてくれるお蔭で、やくざなマンガ家とのバランスがとれて、マンガという仕事が成り立っているようにも思えます。

**鈴木**　でも、もしそうならば、少なくとも月刊誌を作ったり、週刊誌を作ったりするのはやめたほうがいい。活字は凶器です。凶器で問題を提起するのならば、それなりの覚悟が必要だと思いますよ。》

# 第8章　美智子皇后バッシング騒動

## 後の雅子妃バッシングの原型

ここでは、1993年に起きた美智子皇后バッシング騒動について取り上げる。週刊誌などが天皇夫妻、特に美智子皇后についてバッシングを繰り返し、ついに皇后本人が失声症に陥る。それに対して、バッシングの中心的存在と見られた『週刊文春』と『宝島30』を発行するそれぞれの出版社の社長宅に、右翼が銃弾を撃ち込むという事態に至った事件である。

この騒動については少し詳しく論じなくてはいけない。というのも、その後今日にまで至る週刊誌の皇室スキャンダル報道の原型というか、大きな転換点になった事例だからだ。以下紹介する皇后バッシングの構図は、後に起きた雅子妃バッシングとそっくりだ。

共通するのは、皇室の伝統、特に皇位継承をめぐる伝統を重んじる側から、それにそぐわないと思われる行動や存在を指弾する、という基本構造だ。

美智子皇后バッシングといっても、もう覚えていない人も多いと思うので、経緯を追って説明していこう。エスカレートしていくきっかけになったのは当時発行されていた『宝島30』1993年8月号と、その後の『週刊文春』の連続キャンペーンだった。それ故、両誌が右翼の銃撃にさらされることになったのだが、実はそう単純ではない。

当時はあまり注目されなかったが、端緒は『サンデー毎日』93年6月27日号に掲載された「美智子さまにみるロイヤル・パワーの〝威力〟」と題する記事だった。

この記事では「昭和天皇が亡くなり、平成の時代になって、美智子さまがさまざまな場面で〝注文〟をつけられることが多くなった」とし、皇后を「社長夫人」と呼ぶ宮内庁職員の「ご結婚当初にいじめられていた反動なんでしょうか。今の社長夫人はまさに女帝です」といったコメントが紹介される。「(天皇陛下は美智子さまのおしりに敷かれた) お座布団でございましょ」といった「皇族周辺の女性」のきわどいコメントも登場する。

いわば「皇后=女帝」論を展開しているのだが、この記事で気になるのは、後に話題になる『宝島30』8月号の「皇室の危機」と殆ど同じエピソードが幾つも出てくる点である。

例えば次の三つがそうである。

《この春、七十歳を目前にした元侍従のひとりが、勲三等の叙勲を辞退した。天皇、皇后両陛下の側近として身辺に仕えてきた侍従が、どうして天皇陛下のご意向ともいえる叙勲を自ら断ったのだろう。お膝元の宮内庁の担当者も頭を抱え込んだほどショックは大きかった。

「昭和さんなら、ありがたくいただきましたが、いまの陛下からはいただきたくない」

この元侍従は辞退の理由について、そう漏らしただけだったという。》

《天皇、皇后両陛下がお車で外出される場合、交差点はノンストップ、他の交通は赤信号などで遮断される。警備上の安全を確保するため必要な措置で、昭和天皇時代もそのようにしてきた。しかし即位の礼後の平成二年秋、両陛下自身がこの措置に〝注文〟をつけられた。

――国民の中に入っていく皇室でありたい。自分たちのために、庶民の交通が遮断されるのは、忍びない――というものだった。頭を抱えた警察庁が考え出したのは、比較的交通量が少なく、安全な交差点で、作為的に信号待ちを作り出す方法だった。従来通り交通規制をしながら、両陛下には、規制をしていないように装う。結局、その手間が増えただけだった。》

《特に、職員が困惑しているのは、両陛下が御所によくお客を招かれ、夜遅くまでお話をされていることだという。時には深夜に及ぶため、身近で仕える者が、なかなか解放されないのだという。侍従が深夜十二時まで働けば、内舎人、大膳（料理人）などの担当者は午前一時、二時となる。職員にとっては、キツイ深夜勤務になるのだ。ところが、両陛下は、「皆、喜んで奉仕していると思われている」（侍従職関係者）という。》

## 偶然とは思えない記事の符合

この『サンデー毎日』の記事とぴったり符合する『宝島30』の記事を引用しておこう。

《この春には、宮内庁で前代未聞の「事件」が起きた。

先帝陛下（昭和天皇）に長らく仕えてきたKという七十歳を目前にした元侍従が、勲三等に叙せら

れることになった。ところが、K侍従は「結構です」と辞退してしまったのである。（略）

K元侍従が叙勲を辞退するなどということは絶対にあってはならないことだったのである。侍従が勲章を欲しがらないようでは、勲章制度の根幹が揺るぎ兼ねない。第一、毎回、受賞者を推薦させている他の省庁に対しても示がつかなくなってしまう。当然、担当者はあわてふためいて翻意を促した。しかし、K元侍従の決意は固かった。

K元侍従が親しい友人に語ったところによると、勲章辞退の理由は今の天皇陛下から頂戴したくない、ということに尽きた。「昭和天皇陛下からだったら、有難く頂戴させていただいたのに……」とK元侍従はつぶやいたという。（略）

なぜ、今の陛下では嫌なのか。ひとことで言えば、権威に乏しいのである。

《実は、警視庁は陛下のお車が通過する前に沿道の信号機を調整して、すべての交差点を青信号でお通ししている。綿密な計画が必要な代わりに、所要時間が短縮出来るため警備上も好都合だし、一般車の通行をストップする規制の時間も最小限で済むからである。

ところが、陛下は繰り返し「赤信号ではストップしたい」とおっしゃる。そこで、二年ほど前から、警視庁は信号機操作に細工を加え、道筋の一、二カ所で警備に都合のよい交差点を選び、わざと赤信号に引っ掛かるようにした。すると、側近の中には「これでこそ国民と共に進む皇室だ」などと真相を知ってか知らずか、喜ぶ者が相次いだ。》

《何もかも先帝陛下とは趣を異にするお二人だが、お側で仕えているものにとって大変なのは、夜、お休みになられるのが遅いことだという。

もともと「宵っ張り」のご性格のようなのだが、赤坂御所にしばしばお友達などを呼ばれて、深夜までお話をはずまされる。そこで、侍従や女官はもとより仕人や女孺、大膳らは来客がお帰りになるまで、サービスに努めたり、待機していなくてはならない。ネクタイを締め、制服を着ていなければならないので、横になることも出来ず「辛い、辛い」とこぼしている人もいるほどである。

午前一時、二時になってからも、「インスタントラーメンを作って下さい」「リンゴを剝《む》いて」といったご下命があったりするというから、当直勤務の職員たちも気を許すことが出来ない。とくに、先帝陛下のもとで働いていた人たちにとっては、急にハードワークになったために体調を崩した人も出ているという。》

偶然ではありえない符合である。情報源が同じと考えるのが自然だろう。

実は『サンデー毎日』の記事が掲載されたのと同じ頃、皇室問題の専門家として知られる渡辺みどりさん（元日本テレビ皇室担当）のもとに、6月14日付で差出人不明の手紙が届けられていた。

「貴女は非常に勘違いをしておられる。（略）皇后様の所業は『女帝』、公私混同以外の何物でもありません」と「皇后＝女帝」論を展開したものだが、中にこんなくだりがあったという。

「今の宮内庁職員は、皇后様を〝社長夫人〟と呼び、なさり方は〝女帝気取り〟といっているそうです。わけても夜遅くまで両陛下がお客を招かれていることは、側近奉仕の方々は解放されないということです」

『サンデー毎日』『宝島30』、さらに渡辺さんのもとに届いた手紙の符合からわかることは、皇室周辺で、当時の皇室のありように不満を持つ人が、自分の主張を何らかの形で訴えようとしていたということだろう。当時の『週刊文春』花田紀凱編集長も「それまではあまり表に出なかったような皇室の内部的な情報が入るようになった」と述べている。皇室周辺のある勢力による皇后への不満が、6月の皇太子結婚を前後してマスコミに一気に流出し始めたと言えよう。

天皇夫妻が深夜にインスタントラーメンをすすっているなどという話は、本当かどうかはともかく、それまで〝菊のカーテン〟に閉ざされて外部に伝わってくるようなものではなかった。こういう話が流出すれば、週刊誌が飛びつくであろうことは容易に想像できた。

## 『宝島30』で勢いづいた皇后バッシング

実は、ちょうど軌を一にして、当時春頃から、皇太子の結婚をめぐって、皇室の危機を憂えるといった論調がマスコミに登場した。例えば『諸君！』4月号に掲載された「皇太子殿下に諫言する」という酒井信彦・東大助教授の一文である。この論文には皇室崇拝論者もギョッとしたらしい。守旧的な立場から皇太子結婚をめぐってあれこれ苦言を呈しているのだが、その物言いが従来のその種のものよりかなりきついのである。

《今回の御婚約に関して、皇太子殿下の積極的な御姿勢を称賛する人が多いが、果たしてそうだろうか。結婚は当人同士が良ければ良いと言うものではない。我我庶民においても少し格式を重んじる家では、嫁選びには極めて慎重を期するものである。我が国最高というよりも世界的に見ても飛び抜けた格式を有する我が皇室において、私的感情以外の諸条件が考慮されるのは、あまりにも当然のことである。》

この一文は最後に「現在の皇室は内部的にも、大きな危機に立っていると私は考える」とし、昭和天皇の時代と比べて皇居への一般参賀の人数が減っているというデータを提示して終わっている。皇后バッシングという形はとっていないものの、2代にわたって民間から皇太子妃が迎えられ、否応なく皇室のイメージが変わっていくであろうことに、「皇室の尊厳」を主張する人たちが危機感を抱いていたことがわかる。

そういう中に登場したのが、『宝島30』8月号の「皇室の危機」だった。筆者の「大内糺」は「宮内庁勤務・仮名」とされたが、当然様々な詮索《せんさく》がなされた。宮内庁は該当者はいないと言うし、当時の週刊誌報道でも記事作成には皇室記者を含めた複数の人間が関わっているのではないかという見方が多かった。この『宝島30』の記事には二つの顕著な特徴がある。

一つは、記事が守旧派のスタンスから書かれていること。そしてもう一つは、かつての皇室記事には見られなかったような皇室内部のディティールにわたる記述が多いということである。

例えば記事の冒頭に掲げられた93年の『週刊実話』回収事件のエピソードだ。この事件については前章で書いたが、「皇室の危機」では、これが皇室が危機的状況に直面していることを示す一つのエピソードとして書かれている。

『週刊実話』の回収は、当時話題になり、原因となったイラストが業界の一部に出回ったのだが、さすがにそれをそのまま報じるところはなかった。内容を紹介すること自体が新たな問題を引き起こす怖れがあったからだ。ところが『宝島30』はそれをこう表現していた。

《その内容については、説明するのもはばかれるが、男と女がワンワン・スタイルで絡み合っている図だった。その横に皇太子ご夫妻とおぼしき似顔絵があり、さらにひとこと、「菊の御紋」と書かれていたのである》

この描写のリアリズムから、大内氏は宮内庁職員ではないのでは……という指摘もあった。つまり、皇室の尊厳が損われているのを嘆くという話であったにしても、皇室関係者であったら、こんな具体的な描写はありえないのでは、というわけである。

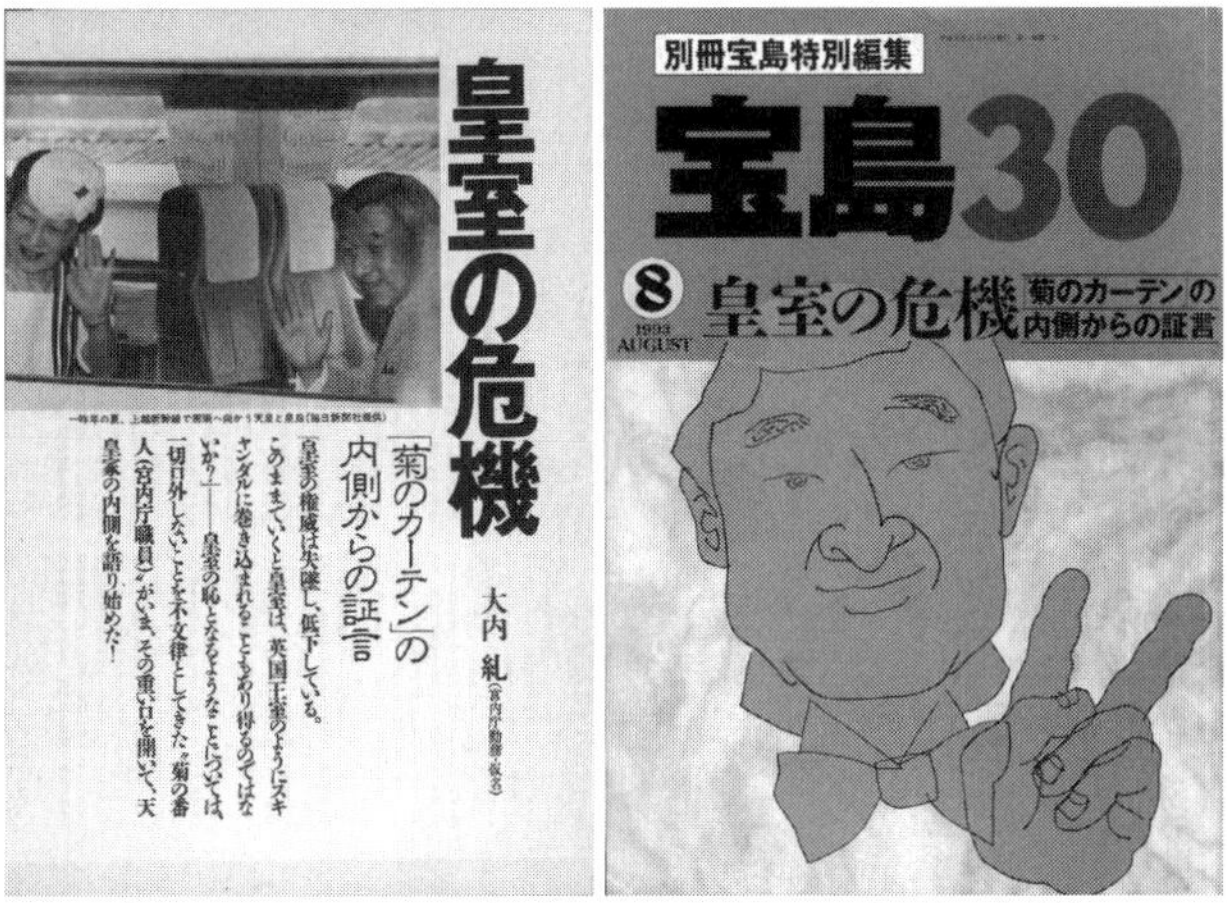

『宝島30』1993年8月号（右）と同誌に掲載された「皇室の危機」

しかし恐らく、『宝島30』編集部が最も欲し、またこの記事が大いに話題になった原因もそのリアリズムの部分であったといえる。

これまでの皇室報道と比べると、この「皇室の危機」の描写は、従来の領域を一歩踏み越えていた。逆に言うと、書き手のスタンスが尊皇でないと、あるいはそのことをふりかざさないと、ここまで踏み込んだ記事は書けないというのも、皇室報道の現実だろう。『宝島30』の記事の場合、発売当初から週刊誌が大々的にこれを取り上げたにもかかわらず、右翼の反発がその当時出なかったのは、記事を実際に読んでみると書き手がかなり右翼的スタンスであることがわかったからでもあろう。

ところが、秋以降、ワイドショーなどがこの記事を取り上げるようになってからは、その側面はスッポリと落とされ、皇室の内情暴露のみが強調されるようになってしまった。

## 反響を呼んだ「皇室の危機」の内容

この「皇室の危機」については、これに識者のコメントを加えたものが『「皇室の危機」論争』として93年11月、宝島社から出版された。皇后が倒れたことで当初の発売が延期され、さらに発砲事件があって、成り行きが注目されたが、結局、表紙など一部の刷り直しのみで出版された。

その中から、大内氏の本意を記したと思われる部分と、後に宮内庁が反論を加えて議論になる部分を引用させてもらおう。

《率直に申して、最近の天皇ご一家やご皇族方のお暮らしぶりを拝見していると、ご尊敬申し上げるどころか、目を覆いたくなるようなことがやたらと目に付くのである。当然、ご皇室の権威は低下しているわけで、国民の目にもそのように映り始めているのだろう。権威が失墜し始めているからこそ、ご皇室がパロディ化されてしまうのではなかろうか。》

《今回、私が内部の事情を明かそうと思うようになったのは、関係者が口をつぐんでいたままでは、こうしたご皇室の権威の低落が今後もますます激しくなるのではないか、また、英国王室のようにスキャンダルに巻き込まれることもあり得るのではないか、この恐れを感じたからに他ならない。それというのも、国民の側ばかりでなく、ご皇室の側も権威を揺るがす要因を内包していると思うからだ。

ご皇室が再び権威を取り戻すこと――。それが私の願いである。》

《先帝陛下に比べると、今の陛下は余りにも対照的である。例えば、ご趣味もテニス、スキー、ダンス、音楽鑑賞と幅広い。結構なことなのだが、私どもに分からないのは、人前でおやりになろうとすることである。

つい先日も、天皇、皇后両陛下がパーティーでダンスを踊り、軽やかなステップを披露された。それなりに好評を博していたようではあるが、欧米ならともかく、日本では質実さが貴ばれている。象徴である天皇陛下がダンスの練習を積んでいると、国民に印象づけることはマイナスではないだろうか。》

《テニスコートでの恋を成就されただけに、天皇、皇后両陛下のテニスの腕前はなかなかのものである。だが、衆人環視の中でわざわざプレーをされる必要があるのか、この疑問も沸いてくる。「国民と共にある皇室」を実践されていらっしゃるおつもりなのだろうが、皇后陛下がショートスカートの裾をなびかせてラケットを振られるお姿を見守る人々の目は、必ずしも温かいものではない。夏の軽井沢で別荘族と一緒になってバカンスを楽しまれることを、ブルジョア趣味と受けとる向きもあるに

違いない。》
《天皇、皇后両陛下のお暮らしぶりには、いろいろと疑問や不安を感じさせられることが多いと言ったが、その原因の最たるものは、皇后陛下のお力が増大してしまったことだと感じられてならないのである。

とにかく、行幸啓にしろ、パーティーの計画にしろ、皇后陛下が「ウン」とおっしゃらなければことが進まないのである。天皇陛下だけの内諾を得て、関係方面と調整しても、最後に皇后陛下が「ダメ」とおっしゃれば、それですべてが覆されてしまう。》
《思い起こせば、陛下が「アチラは」とおっしゃり、皇后陛下をしきりにお立てになられるようになったのは、皇太子時代の末期からではなかったか。とくに、皇太后陛下のご病気が芳しくなくなってからだったか、皇后陛下のご実力が目立つようになったようだ。同じ頃に、皇后陛下がお気に入りの侍従の発言力も強まり、お出掛けの計画を検討する宮内庁、外務省、警察庁の担当者による三省庁会議で固まった方針が、この侍従の「美智子さまが……」のひとことで覆されてしまったことがある。》
《正直申し上げて、バイニング夫人の教育を受けた今の陛下と、クリスチャンの聖心女学院出身の皇后陛下に、真に国民が望む天皇、皇后を体現されることを期待するのは、いささか無理があるように思われる。》

後に「間違いを指摘すればそれこそキリがない」（『文藝春秋』12月号手塚侍従インタビュー）などと全面批判を受けるのだが、当時『宝島30』の記事が大きな反響を呼んだことはまちがいない。週刊誌各誌がこの記事を取り上げ、バッシング旋風にはずみがついた。

## 『週刊文春』7週連続のキャンペーン

もう一つのバッシング派の代表として登場する『週刊文春』は9月16日号から7週にもわたるキャンペーンに打って出た。タイトルを掲げておこう。

①9月16日号　訪欧直前の記者会見で美智子皇后が「ムッ」としたある質問
②9月23日号　美智子皇后のご希望で、昭和天皇が愛した皇居自然林が丸坊主
③9月30日号　天皇・皇后両陛下は「自衛官の制服」がお嫌い　宮内庁vs防衛庁に、発展か
④10月7日号　美智子皇后　私はこう考える
⑤10月14日号　大新聞が報じない美智子皇后訪欧中の評判
⑥10月21日号　貧すりゃ鈍する『週刊朝日』は宮内庁のＰＲ誌か
⑦10月28日号　投稿大論戦　美智子皇后　読者はこう考える

このうち②と③については、後に宮内庁が事実誤認として厳重抗議するのだが、特に②など、とにかく全編これ皇后バッシングといった感じで、よくもこう批判材料ばかりを集めたという印象である。一部を引用しよう。

《「最近の皇室は、皇后の意向で動くといわれ、眉をひそめる関係者も多いんです」と、ある宮内庁記者が、その背景を指摘する。

たしかに、最近の美智子皇后については、各方面で首をかしげる話ばかりが噴出している。

たとえば、8月初めのベルギー国王の葬儀参列について――。

「あのときは、政局も流動的でいつ国会で首班指名があってもおかしくなかった。そのため、一度は政府と宮内庁の話し合いで天皇の葬儀参列は見送りと決まった。実際、1カ月後には訪問される予定もある。

ところが、皇室の強い要望で一転、参列することになった。首班指名、組閣の日程がズレ込んだのは、そのためとは言えないが、天皇不在が微妙に影響したのも事実です。

関係者に聞くと、どうも皇后周辺から強い要望があったということです」（政治部記者）

細川内閣の任命・認証式は天皇国事行為でも最大のもの。それよりも、外国王室との交際が優先するのか！と、政府関係者の中には、憤慨する声も上がっていた。》

《たとえば、こんな驚くべき指摘も飛び出す――。

「実は、あの吹上新御所の建設で、昭和天皇がこよなく愛しておられた自然林が丸坊主にされてしまった。総工費56億円の贅沢御所が原因です」（皇室に近い関係者）》

《実際、前出の皇室に近い関係者などは、

「吹上の自然林を丸坊主にしたのは、美智子皇后！」

とまで厳しい指摘をする。

「大体、皇后は吹上御所にお移りになりたくなかった。

皇太后さまの匂いのする御所は嫌だということから、あの新御所の建設が決まったんですよ。たしかに、皇太后が美智子皇后に冷たかったのは事実。だからと言って、昭和天皇がご愛好だった自然林まで伐採し、そこに贅沢な御所を建設するというのは、あまりのことです」》

《「最近の美智子皇后への苦言は、以前の美智子妃いじめとは、まったく違うもの。最近の特徴は、むしろ皇太子妃の時代の皇后に好意的だった人からの批判や苦言の声が多い。

皇后や宮内庁は、その点に留意されるべきじゃないでしょうか。率直に言って、今、皇室は〝危機〟の時代です」（同宮内庁記者）

超豪華な吹上新御所の建設、そのために壊された皇居の自然林、〝まるでフルムーン旅行〟といった陰口まで飛び出す外国訪問の旅。

質素を旨とされた亡き昭和天皇は、そんな平成皇室をどうご覧になっておられるのか？》

## 『週刊文春』vs『週刊朝日』の対立

こうした『週刊文春』の報道に対して二つのカウンターが加えられた。一つは『週刊朝日』が一連の皇后バッシング報道に疑問を呈する記事を掲載し始めたことである。

(1)10月1日号　にわかに噴出した女帝合唱　美智子皇后バッシングの内幕
(2)10月8日号　新聞、週刊誌が報じた紀宮のベルギー王城お見合いはなかった
(3)10月15日号　防衛庁幹部も激怒した天皇・皇后は自衛官の制服が嫌い説の根拠

(1)はこの間のバッシング報道を整理し分析を加えたもので、結論部分でこんなふうに書かれている。《天皇に「私」はあるか、という天皇制の根源的な問題をめぐって、大きく二つの対立があるのだ。だから、複数の皇室ウォッチャーは、

「美智子皇后バッシングは現在の天皇の路線への批判なのです。天皇その人を批判できないから、美智子皇后を標的にしているだけ。将を射るにはまず馬を射よ、ですよ」

と解説する。しかも、

「美智子皇后は、批判の材料を与えがちだ」

という。あまりにも細かなことによく気がつくため、何事もよきに計らえだった昭和天皇を懐かしむ声を高める結果になった。相次ぐバッシングは、そこにつけこまれた面もあるというのだ。

「ノスタルジックな論調のようだが、昭和天皇はあくまでダシで、その裏には、親しみやすい天皇、開かれた皇室は困る、という危機感がある」

と、別の皇室ウォッチャーも指摘する。突然の皇后バッシングからは、平成流の「開かれた皇室」に向けた、衣の下の鎧《よろい》もちらりと透けて見えるというわけだ。》

(2)は、幾つかの週刊誌が報じた紀宮のベルギーでの「お見合い」を「全くの幻だった」と批判したもの。実は、その相手と目されている男性との関係を最初にスクープしたのは『週刊文春』9月2日号の「紀宮様ご結婚最有力候補はこの青年」という記事であった。このあたりから『週刊朝日』の皇室報道批判の矛先は『週刊文春』に向けられていく。第3弾の10月15日号は、『週刊文春』9月30日

号を真っ向から批判する内容だった。

『週刊文春』の記事は「欧州歴訪から帰国される両陛下を航空幕僚長がお迎えしたいと申し出たところ、宮内庁からの返事は『制服は目立つから私服で』。どうやら陛下は自衛官の制服がお好きでない様子」というリードで始まる。後に宮内庁から「平服でという防衛庁への連絡は陛下は御存じないこと」だとし、そのタイトルとリードは誤りであるという抗議を受ける。

『週刊朝日』の批判は、『週刊文春』の記事を関係者にぶつけたところ、いずれも否定、防衛庁の宝珠山昇官房長など「感情的な記事で不愉快です」と怒りをあらわにした、どうもあの記事はおおげさに書かれているのではないか、といった趣旨である。

それに対して、真っ向から噛みついたのが『週刊文春』10月21日号の「『週刊朝日』は宮内庁のPR誌か」という記事であった。防衛庁や宮内庁の公式見解をもって『週刊文春』の記事を捏造であるかのように書くのは笑止千万、というわけである。

## 守旧派vs改革派のメディア代理戦争

実はこの時期、『週刊文春』はもう一つのカウンター、宮内庁からの抗議も受けていた。最初に花田編集長が呼ばれて宮内庁へ出向いたのは9月30日のこと。宮内庁は主に前記②③の記事に対して事実と異なると抗議。その後、花田編集長は何度か宮内庁に出向いて話し合いを続けることになる。

宮内庁からの反撃については改めて後述するとして、『週刊文春』と『週刊朝日』の対立についてもう少しコメントしておこう。

実はこの両者の対立、決して偶然ではない。結論的に言うならば、守旧派vs改革派の代理戦争と言ってよいだろう。『週刊朝日』の場合は、あくまでもバッシング報道を検証するというのが企画の趣旨で、「開かれた皇室」路線を積極的にアピールしようという意図は持っていなかったろうが、結果的に論争の中で一定の役割を担うことになったといえる。

文春vs朝日といえば因縁の対決であるが、皇室論争がその対立図式に至ったことで論点がわかりやすくなったといえよう。

ただ同時に10月に入ったあたりから、逆に論点をわかりにくくする要素も生まれていた。この論争が女性週刊誌やワイドショーでも取り上げられ始めたのである。芸能マスコミのスタンスは基本的に「バッシングされている美智子さまがかわいそう」という情緒的なものであったから、それまでの論点が曖昧になった。皇后が誕生日当日に倒れるというハプニングが、これに拍車をかけた。

次章では10月以降の次の段階の説明に入るが、その前に、田原総一朗さんが『サンデー毎日』10月3日号に書いた「皇室批判と憲法問題」というコラム記事を紹介しておこう。皇后バッシングがこの時期に登場してきた背景を、なかなかうまい表現で解説しているように思えるからである。

《皇室を〝開く〟〝民主化〟することは、理屈では、〝特別の存在〟であることが〝存在理由〟である皇室の自己否定になるわけだが、〝特別の存在〟であることにこだわり続けていたら、戦後、皇室は間違いなく国民から強い拒否反応を受けて存続自体危うくなったはずである。その意味で〝開かれた皇室〟作戦は、理屈の上では矛盾に矛盾を重ねることになるのだが、歴史のあらゆる逆境を生き抜いた皇室のしなやかなたくましさなのだろう。

その〝開かれた皇室〟のシンボル的存在である皇后が、いま非難の的となっている。

わたしには、皇后批判が、このところ急速に高まっている改憲論議と対のように感じられる。矛盾を飲み込みシロクロつけぬ、おさまりの悪さを、けっこう面白がり、それを自由度にして振る舞ってきた戦後のしたたかさに、いらだつというか、我慢できない癇性《かんしょう》の人々が増えてきたということか。》

第9章

# 美智子皇后「失声」から銃撃事件へ

## マスコミ批判の直後に倒れ、「失声」

1993年10月20日。美智子皇后は59歳の誕生日を迎えたその日、突然倒れた。その後、しばらくは言葉が発せないという症状に陥るのだが、その誕生日の前日、皇后は一連の皇室批判報道に対する反論を文書で発表していた。

《どのような批判も、自分を省みるよすがとして耳を傾けねばと思います。今までに私の配慮が充分でなかったり、どのようなことでも、私の言葉が人を傷つけておりましたら、許して頂きたいと思います。

しかし事実でない報道には、大きな悲しみと戸惑いを覚えます。批判の許されない社会であってはなりませんが、事実に基づかない批判が、繰り返し許される社会であって欲しくはありません。幾つかの事例についてだけでも、関係者の説明がなされ、人々の納得を得られれば幸せに思います。》

マスコミ批判をした直後に倒れたということもあって、「美智子さまかわいそう」のムードが一気に広がった。渡辺みどり文化女子大教授の「美智子皇后は、いわれない批判に、これまでグーッと胸の内に押し込めていたことを述べられた。……その直後に倒れられたわけで、まさに身を挺した『反論』だったと思う」(『週刊朝日』11月5日号)というコメントなど、そうした心情をよく語っていた。『週刊女性』11月9日号は「ああ美智子さま『心の病』の衝撃」と題する特集を11ページにもわたって掲載した。

10月以降の主な週刊誌記事の見出しを掲げておこう。掲載順は月号でなく発売日の順とした。

●『女性自身』10月19日号　識者が反論！　美智子さまへの「女帝批判」はひどい！

●『週刊現代』10月23日号　皇室ウォッチャー緊急座談会　いま、なぜ美智子皇后バッシングなのか（河原敏明、渡辺みどり、倉田保雄）

皇后さま　批判記事に異例の感想
きょう59歳　「耳傾ける」姿勢も強調
「事実でない報道には大きな悲しみと戸惑い」

1993年10月20日付東京新聞

●『女性自身』10月26日号　「宮内庁は美智子さまのお気持ちを早く伝えるべきです！」

●『女性自身』11月2日号　元朝日新聞宮内記者・岸田英夫さんが語る〝皇后・美智子さま〟への提言「私が憂慮する、美智子さまの〝あの日〟からの変身」

●『週刊ポスト』11月5日号　渡辺みどり特別寄稿／美智子皇后の〝お疲れ〟と最近の報道で気になること

●『週刊現代』11月6日号　女帝報道への心労と過労が重なって……　美智子皇后が言いたかった「事実でない報

道」とは何だったのか

●『週刊朝日』11月5日号　皇后の言葉を奪った「悲しみ」とは何だ　異例の反論、そして卒倒の周辺
●『サンデー毎日』11月7日号　美智子さま「ご心労」の周辺
●『週刊読売』11月7日号「皇后さま倒れる」の衝撃　追いつめたのは誰だ⁉
●『週刊女性』11月9日号　ああ美智子さま「心の病」の衝撃！〝強い悲しみ〟で言葉が出ない！
●『女性自身』11月9・16日号「週刊文春」が〝批判〟した「皇居自然林を丸坊主！」が〝ご心痛〟の引き金に⁉
●『女性セブン』11月11日号　皇室ウォッチャー11人の緊急提言「だから美智子さまは倒れた！」
●『週刊現代』11月13日号　いわれなき批判に答えて‼　赤坂御所の侍従が初めて語った「美智子皇后報道の真実」（森村桂）
●『週刊新潮』11月11日号　美智子皇后さま「批判再考」（曽野綾子）
●『女性セブン』11月18日号　美智子さま「哀しい笑顔」そして宮内庁の反撃！

しかし、こうまでマスコミ論調が変わってしまうというのも考えてみれば恐ろしい。週刊誌だけでなく、ワイドショーも「美智子さまがかわいそう」キャンペーンを展開。連日、皇后の病状を伝え、公務につくようになってからもその後を追いかけた。

9月30日以降、『週刊文春』が宮内庁の抗議を受けて話し合いに入ったことは前述した。同誌誌面のトーンが変わるのは10月7日号からである。

## 宮内庁の抗議に対し謝罪

『週刊文春』10月28日号は読者の投稿を特集したもので、当初は翌週もこのシリーズを続ける予定だった。ところがフタをあけてみると翌週号には皇室記事が全く掲載されていなかった。ちょうど皇后が倒れた時期だったため、この措置は様々な憶測を呼んだ。宮内庁との交渉も大詰めを迎えていたため掲載を遠慮したというのが真相らしい。

そして次の11月11日号（11月4日発売）に、謝罪文が掲載される。それに至る約1カ月の間に、話し合いは3～4回行われた。宮内庁側は宮尾盤次長が交渉にあたった。事実関係を争ったわけだから確認作業に時間がかかるのは当然ではあるが、宮内庁の抗議もかなり強いものだったようだ。何しろ皇后が倒れる直前の報道批判の末尾で、暗に宮内庁の対応をなじるような表現があっただけに強硬にならざるをえなかったのだろう。

'93.11.11 週刊文春

巨額な問題薬品の売り上げ

『週刊文春』1993年11月11日号

『週刊文春』は通常、謝罪文を末尾の読者投稿欄に掲載する。今回もそう考えたらしいが、そうなるとそう大きなスペースはとれない。宮内庁側は本文記事丸々二段分をとることを要求した。

『週刊文春』側も抵抗したらしいが、最終的に宮内庁の要求を受け入れることに決める。皇后が倒れたことも大きな心理的プレッシャーになったようだ。

　謝罪文の掲載を決めた後、編集部内で対応をめぐって議論が行われた。そして謝罪文を掲載した同じ号に特集記事の形で『週刊文春』の皇室報道の基本姿勢を明らかにすることを決めた。まず謝罪文の全文を引用しよう。

《今回の小誌記事へのご指摘について、私共はこれを真摯に受けとめました。週刊文春平成五年九月二三日号「美智子皇后のご希望で、昭和天皇が愛した皇居自然林が丸坊主」、同九月三〇日号「天皇・皇后両陛下は『自衛官の制服』がお嫌い」などのタイトル及び記述に一部正確さに欠け、誤解を招く表現がありましたので、お詫びいたします。

　今後は、ご指摘の趣旨を念頭に、より多角的な取材にもとづく正確な報道への努力を尽くしたいと考えております。

平成五年十一月一日週刊文春編集部　宮内庁殿》

　同じ号に掲載された「皇室報道小誌はこう考える」は、5ページに及ぶ長い記事。ポイントの部分を引用しよう。

《まず、明らかにしておきたいのは、小誌の意図は巷間いわれるような「美智子皇后バッシング」ではないということである。

「平成の皇室」が新しい行動を取りはじめた、国民による議論がまったくないまま、ムードだけが先行する「開かれた皇室」になっていいのか、皇族内部にも、関係者にも危機感を持つ人が少なくない。そういう証言者からの指摘をもとに、平成の皇室のあり方についての議論が起これば、と考えてのこ

とである。》

《皇室の「あり方」を誰が決め、どう方向づけるか。それがまったく考えられていない現状は、皇室の繁栄を願う国民にとって大変不幸な状態ではないか。一連の企画はまさにこうした問題意識からスタートしたのだ。

まず、読者に認識して頂きたいのは、現在の皇室が危機にあるという事実である。》

《マスコミが賛美する「開かれた皇室」論はあまり実体のあるものではない。「開かれた皇室」の模範であったはずの英国王室の現状を見れば、その行末は必ずしも明るいものではないとわかるだろう。また歴代天皇で外遊したのは昭和天皇がはじめてであり、皇室に国際親善、外交が必要かどうかもこれから議論すべき事柄なのだ。

ＰＫＯ問題を機に憲法第九条が大いに議論された。しかし天皇を象徴と定めた憲法第一条に関するタブーにはマスコミは触れたがらない。軍隊を自衛隊といいかえる奇妙さと同様、象徴という言葉は、皇帝なのか、元首なのか、外国で翻訳に困る曖昧な存在であることは事実である。》

## 記者会に配られた宮内庁の反論

話は多少前後するが、『週刊文春』と『宝島30』の記事については、具体的にどこが誤りなのか、10月26日の宮内記者会との会見で宮尾次長が明らかにしている。その時、記者会に配布された文書の一部を転載しておこう。『宝島30』についての指摘は5点にわたるが、1～3は省略した。

《【「宝島三十」八月号関係】
四、深夜に及ぶお友達のこと
昨年も今年も皇后陛下の学友が夜来訪したことのないこと、他のお客においても深夜に及んだものは昨年、今年を通じなかったこと。
五、お夜食について
通常これをとられないこと。

午前二時の夜食については、御所の中で誰もそのようなことをお頼まれしていないこと。

【「週刊文春」関係】
一、新御所について（九月二十三日号）
新御所を造ることは、閣議決定に基づき、場所は宮内庁が選定し、極力自然を残すようにしたこと。

迎賓棟を設ける構想は基本設計にはあったが、早い時期になくなっていること。規模的にも無理であったが、それ以上に両陛下のお考えでは、この部分に当然皇族休所がなければならず、また、基本設計に落ちていた御静養室を入れる必要があったこと。なお、映写室やステージはないこと。

設計者は宮内庁が決定後、両陛下に申し上げたものであること。

白樺並木の計画は初めからなかったこと。
二、ベルギー国王御葬儀への御参列（同前）
両陛下には、親任式、認証官任命式の日程に支障がないという内閣の判断により、閣議決定に基づ

き御葬儀に御参列になったものであること。〈略〉》

## 宮内庁の「広報態勢の強化」とは…

この翌日の10月27日、衆議院法務委員会で自民党議員から「（皇室報道についての）宮内庁の対応は遅く、なまぬるい。法的措置を含めてどうするのか。宮内庁の広報態勢にも問題がある」などという質問が出され、宮尾次長が答弁に立った。10月28日付スポーツニッポンによると、答弁の中身はこんなふうだったという。

「一面的取材で、憶測を交えた報道がなされるのは遺憾。これまでも訂正を求めるなどしてきたが、十分ではなかった。今後、広報態勢を強化し、皇室のお姿を、正しく国民に理解されるよう努力したい」。ただ「名誉毀損は親告罪でもあり、皇后さまがお誕生日にあたり〝批判の許されない社会であってはなりません〟と答えておられる趣旨をくみ、直ちに法的措置は取らない」

宮内庁の言う「広報態勢の強化」がどんなことを意味するのかは、後に明らかになってくる。

11月に入って、この間のバッシング報道の誤りについて、侍従が直接、間接にメディアに登場して反論するという事例が相次いだ。

まず最初は『週刊現代』11月13日号に森村桂さんが寄稿した「赤坂御所の侍従が初めて語った『美智子皇后報道の真実』」。天皇家と親交のある森村さんがこの夏、非公式に手塚英臣侍従に聞いた話を書いたもので、一連のバッシング報道に対するかなり詳しい反論である。

次に『週刊新潮』11月11日号に「美智子皇后さま『批判再考』」という曽野綾子さんの原稿が掲載された。これを書くに先立ち、まず曽野さんと編集部はバッシング報道の真偽を確認するための箇条書きの質問項目を東宮侍従職に提出。回答と資料を得た後、八木貞二侍従に直接質問する機会も与えられている。

第三は月刊『文藝春秋』に掲載された手塚侍従のインタビュー記事である。これまたかなり細かい点にわたって反論が展開されているのだが、文中に「抗議も必要ですが、何とかもっと早く、少なくとも宮内庁の見解を国民に示せる方法がないものかと考えています」といったコメントも登場する。

これだけ現職の侍従が直接メディアに登場するのは異例のことと言われる。

ただ、侍従のこうした反応も、宮内庁総務課といった公式の窓口を通しているわけでなく、メディア側が個別に侍従に接触して対応を引き出していったようだ。それゆえ、この間の侍従の発言をめぐっては幾つかのトラブルも生じている。

まず手塚侍従の『週刊現代』に掲載された反論だが、その大半は以前、7月22日の宮内記者会との会見で話された内容だった。ところが記者会へはオフレコだとしておきながら同じ内容が『週刊現代』に掲載されてしまったため、記者会が抗議。宮内庁側も非を認めることとなった。記者会はあわせて、定例会見は基本的にオフレコという原則を改めるよう申し入れも行っている。

そのほか同じ手塚侍従の『文藝春秋』でのインタビューも、事前に宮内庁上層部に知らされていなかったうえ、皇后の批判報道への感想が藤森昭一宮内庁長官に事前に諮《はか》られずに発表されたことを明らかにしてしまったり、『宝島30』の記事絡みで他の侍従の名前を不用意に挙げたことも問題になった。

侍従が相次いで雑誌に登場したことだけをとると、今回の騒動を機に〝菊のカーテン〟が少し開くかのような期待を抱く向きもあるかもしれないが、どうもそう考えるのは早計であるようだ。

例えば、岸田英夫・元朝日新聞宮内記者は『週刊現代』11月20日号で、「宮内庁が『皇室の意を体した』という形で、皇室報道への規制、干渉を日常化していくのではないかという不吉な予感」がすると指摘している。

また岸田氏は「宮内庁にマスコミ報道を批判する資格があるのか」と題するこの一文の中で、バッシング派が指摘したような不安は宮内庁関係者の間に存在しており、そうだとすると、御所内でラーメンを食べたとか食べないとか、何時まで起きていたとかいった細かい事実誤認を言いたてるという宮内庁の対応は、問題の本質的解決にはなっていないのではないか、と批判している。

一連のバッシング論争を見ていて不思議なのは、守旧派は現在の天皇家のありようを「皇室の危機」と捉え、その元凶は美智子皇后にあるとしたわけだが、そこで挙げられた事例の幾つかについて、宮内庁はそれについては皇后は関与していない、という反論を行っていることだ。

例えば手塚侍従は『文藝春秋』で、

「とにかく君が代のことといい、新御所のことといい、委員会や宮内庁への批判が、結果的に皇后さまに負わされてしまった。君が代の演奏の是非や、新御所の設計者、位置や大きさについて、一切、

社会　事件　ひと　話題
「文春」社長宅に発砲
皇室記事に反発?
弾痕2カ所　1発は壁貫き寝室に
「半殺しにしてやる」
〝謝罪〟強要し密室で暴行
懲戒免・検事

1993年11月29日付 毎日新聞

皇后さまの御意向が問われたことがないという、そんな簡単なことさえ、我々の声を国民に伝えられず、皇后さまをお苦しめし続けてしまったことは忸怩《じくじ》たる思いです」

と述べている。

それが本当だとすると、守旧派が槍玉に挙げた〝皇室改革〟とは、一体誰がどのように推進していることになるのだろうか。天皇家の意向はどの程度働いているのだろうか。

なおこの事件で話題になった宮内庁の「広報態勢の強化」についてだが、現在は、宮内庁のホームページの中に「皇室関連報道について」というページが設けられている。もともと宮内庁が苦慮していたのは、宮内記者会に所属していない週刊誌などの報道にどう対処するかだったと思うが、現在はそのホームページで、この雑誌のこの記事はここが違うといった指摘を公開しているのだ。

記者会見の開放がクラブ加盟社以外にも進みつつある現状においても宮内庁は最も閉鎖的で、記者会所属以外のメディアについては基本的に取材も受けないし、宮内記者会に対してもいろいろな制限を設けてきた。まさに〝菊のカーテン〟である。

ただここで書いた美智子皇后バッシングだけでなく、後の雅子妃バッシング、さらに今も続いている秋篠宮家長女の結婚延期騒動と、宮内記者会に属しない週刊誌やワイドショーが皇室問題を大きく報じる中で、メディア対策をどうするか、宮内庁としても様々なことを考えざるをえない状況になりつつあるのは確かだと思う。

## 宝島社と文藝春秋に銃撃事件

最後に、宝島社と文藝春秋への銃撃事件についても触れておこう。

皇后が倒れて、バッシング報道への風当たりが強まる中で、宝島社へは10月20日当日に右翼団体を名乗る男から抗議の電話が、また23日には別の右翼団体を名乗る4人が同社を訪れ、抗議していったという。そして11月4日未明には同社蓮見清一社長の実家に銃弾が撃ち込まれ、続いて12日未明には麹町の本社にも銃弾が撃ち込まれた。

宝島社は「言論に対してテロで報いるという陰湿なやり方は、許されることではない」という抗議のコメントを発表したが、関係者の話では、発砲事件の直後には単行本『「皇室の危機」論争』の出版中止も検討されたようで、コメントを掲載している識者のもとへ「出版中止の場合は『宝島30』にそれを転載してよいか」という打診も行われたという。

さらに11月29日未明、今度は文藝春秋の田中健五社長の自宅へ銃弾2発が撃ち込まれる事件が発生した。

皇室批判とテロの恐怖が隣り合わせであるという、これもまた我が国の皇室タブーを象徴する後味の悪い結末となった。

## 第10章 『経営塾』への猛抗議と社長退陣

### 二十数団体の右翼が波状的に抗議行動

経済誌『経営塾』1996年7月号が発売されたのは同年6月17日のことであった。人気のあった連載コラム「架空・身の上相談」のその号の内容を福田俊之編集長がじっくり見たのは雑誌ができあがってから。一瞬、これはまずい、と思ったという。

「次の8月号でちょうど創刊100号を迎えるので、これを機に誌面も大幅刷新しようと思っていたところ。その最後の号でよりによってこんなことに……。魔がさしたとしか言いようがない。特集記事なら念入りにチェックしているんだが、そこまで神経が行き届かなかった」

福田編集長は後に周囲にそんなふうにボヤいていたという。

発売後数日間は心配された動きもなかった。ひょっとしたら杞憂《きゆう》だったのかもしれない。そう思い始めた矢先だった。4〜5日後、抗議が始まったのである。

最初の抗議団体は、大日本愛国団体連合時局対策協議会（時対協）、それに大日本愛国党、といったところ。週が明けて22日以降になると、続々と右翼団体の抗議が押しかせた。直接押しかけたのは

創刊100号にあたる記念号のはずが…

数団体だが、電話、手紙を含めると20数団体にのぼったという。抗議文は編集部のみならず、針木康雄社長兼編集主幹の自宅にまで届いた。

その後7月に入ってその動きをミニコミ情報紙が伝え、7月11日付の夕刊フジと『週刊文春』7月18日号が記事にして、この件は周知の事柄となった。それを機に、日本テレビの午後のワイドショーが取り上げ、翌週の女性週刊誌が一斉に報道するなど、事件は騒動にまで発展するのだが、実はこの時期までに事態は第2ラウンドとでも呼ぶべき段階に至っていた。

この第2ラウンドの山場は7月15日に開かれる予定だった創刊１００号謝恩パーティーだったのだが、ともあれ、それまでに抗議行動に加わった右翼団体で、判明しているものを列挙しておこう。

時対協、士水塾、大日本愛国党、大行社、新生日本協議会、日本青年社、統一戦線義勇軍、昭和維新連盟等々。これらの団体が次々と波状的に抗議を寄せていた6月末頃には、編集部も一時はどうなることかと思ったという。

問題となった7月号の「架空・身の上相談」の中身を紹介しておこう。

「後継者問題から女性問題まで、悩めるトップに塾長が懇切丁寧にアドバイスします」とうたった見開き2ページのこのコラム、タイトルの通り、政財界からスポーツ・芸能人まで有名人の架空の悩みを取り上げ、それに応えるというもの。

氏名こそ伏せてあるものの、架空の相談者が誰であるかは読めばわかるようになっている。

7月号で取り上げたのは「結婚以来三年、子宝に恵まれません」という「東京都　皇太子妃　32歳」なる人物。「私は極東の国の皇太子妃です。三年前に民間から嫁いだ時には……」という書き出しを読めば、それが雅子妃を想定していることは誰でもわかる。後に雅子妃は女児を出産するのだが、当時はなかなか子宝に恵まれず、不妊治療を受けているといった情報も流れた時代だった。

回答は「自分だけで悩むな。早く専門家かワシに教えを乞え」と題して、「『三年子なきは去れ』とは昔、よく聞いた言葉だ。結婚して三年間、子供ができなかったら、女性は三行半《みくだりはん》を突きつけられてもしかたがないという意味だ」と始まる。

「だいたい王室の人は子づくりが下手だ。……ワシは男女産み分けの権威と言われるS先生をよく知っているが、その先生に言わせれば、下手くそなセックスやいい加減なセックスをすると、女の子が生まれやすいという」などと言いたい放題。挙句《あげく》に最後はこう結ばれている。「それでもいやだというなら、ワシが直接教えてやってもいい。その手の知識は玄人はだしだ。きっとお主の役に立つと思うぞ」。

「ワシが直接教えてやってもいい」とは、不妊に悩む雅子妃だけでなく、女性には耐え難い表現であった。我が国における皇室タブーの現実を知ったうえで、敢えてそれに挑戦した、というのなら話はまた別かもしれない。だが、どうもその後の編集部の対応を見ていると、この一文がどういう事態をもたらすか、あまりよく考えずに書いたとしか思えないのである。

## 抗議への回答文にうっかりミスも

右翼団体の抗議と要求は多種多様であった。抗議文の一つを引用しよう。

《（前略）厳重なる抗議を申し入れるとともに、次の点を御社に問う。

一、この不敬な内容は御社の確信に基づいて掲載されたものか。すなわち御社の基本方針が左翼的革命思想であり、その信念から皇室を冒瀆したものなのか。

一、違うとするならば、いったい何故このような不敬文章を掲載したのか。また、その責任を感じているのか。

一、責任を感じているとすれば、どのようにその謝罪などを行うのか。吾人としては、最低限として次の三項目を要求するが、御社はどう考えるのか。

①発行人・針木康雄および編集人・福田俊之の両名は速やかに宮内庁に出向いて、今回の不敬について、宮内庁を通じて、皇室に謝罪申し上げること。

②『経営塾』誌上において、自己批判および謝罪の広告を掲載すること。当然、今回のスペースより大きなスペースを用いることはいうまでもない。

③「架空・身の上相談」なるふざけた企画は中止すること。また、今回の執筆者の処分を厳しく行うこと。》

この抗議文に、針木社長がどう回答したか。回答文の方も引用しよう。

《一、小生は戦前生まれで、皇室には長い間敬意をはらっており、左翼的革命思想ではなく、今回の記事は誠に軽率な内容だったと反省せざるをえません。無論、架空ということではすまされず、度を越した部分があると責任を痛感しています。

一、編集部の今後の対応については、まず、皇室への謝罪は、本誌にも特別掲載をされた高松宮宣仁親王殿下を含めて、宮内庁関係者と対応をご相談します。また、読者や関係者各位へのお詫びの意味をこめて、当編集部としては、連載企画「架空・身の上相談」を次号、八月号から連載中止いたします。この企画は創刊号より八年間、連載を重ねた企画ですが、心からの遺憾の意を示すために連載中止いたします。さらに、ご指示の「謝罪文」については次号、八月号の本誌に掲載することにいたします。執筆担当者の処分についても、近日開く取締役会で検討いたします。

今後とも心を引き締め、雑誌編集にあたる所存ですので、ご支援を心からお願い申し上げます。》

抗議文が届いたその日に回答文を送るという素早い対応で、針木社長としては精一杯の誠意を見せようとしたと思われるのだが、いかんせんミスもあった。回答文中の高松宮は既に故人。対応を相談できるはずがない。これは三笠宮の誤りであった。その点を指摘された針木氏はさらに謝罪を重ねることになった。

右翼団体の中には、①雑誌廃刊②針木社長の引退③全国紙に謝罪文掲載という、もっと苛酷な要求を主張したところもあったという。

## 平身低頭に右翼側も一時手づまり

先に引用した抗議文を書いた八千矛《やちほこ》社の三澤浩一氏に話を聞いた。

「あの要求は、最低限これだけはというものを掲げたのですが、正直言うとあんなにすぐ回答が来ると思っていなかった。回答が来なかったら糾弾活動に入るつもりだったし、また仮に回答があったとしても、要求を全部受け入れてしまうとは思っていなかった。ところが、先方はもう平身低頭。要求を全部受け入れますと回答してきた。こぶしを振りあげたら相手にいきなり土下座されてしまったので、こちらもどうしたらよいか手づまりになってしまったという感じですね」

この三澤氏、若手の民族派なのだが、この一件については、6月27日の段階で、つきあいのあった70ほどの右翼団体にFAXで抗議を呼びかける文書を送付したという。文書には抗議先として、経営塾はもちろんのこと、針木社長の自宅の住所まで記されていた。

ついでながら三澤氏はこの時期、宮内庁の鎌倉節長官宛てにも『経営塾』の記事コピーを送付し、「速やかに適切な処置を執られますよう、謹んで要請申し上げます」と訴えていた。ちなみに宮内庁がこの件で経営塾に電話を掛けたのは7月11日。前述した『週刊文春』が発売されてからであった。

直接経営塾を訪れた右翼団体には福田編集長が対応した。最初の抗議団体に対しては多少、説明も返したというが、波状的な抗議が始まるともう謝るのみ。怒鳴り込んだ右翼が、平身低頭で謝り返されて、却って戸惑ってしまったという話もある。

このまま終わっていれば、恐らくこの事件、7月上旬には終息していたかもしれなかった。ところが7月上旬、経営塾が8月号発売日の7月15日に財界人などを集めて千人規模の大パーティーを開く予定になっていることを右翼側が察知する。反省したと言っておきながら、祝賀パーティーとは何事か、反省は口先だけの面従腹背ではないか、と右翼側は、さらにいきりたった。祝賀パーティーを中止に追い込むこと。それが右翼側の次の行動目標になってしまったのであった。

針木康雄氏といえば古巣『財界』の時代から業界の名物男として知られていた。『財界』を辞めた後、経営評論家としてあちこちに顔を出す一方、88年に雑誌『経営塾』を創刊。7月15日に予定されていたパーティーはその創刊100号を記念したものだった。財界のお歴々が顔を揃えて赤坂プリンスホテルで盛大に行われるはずであった。

一方、右翼側は何とかこれを阻止せんと、中止の勧告を行うのはもちろんのこと、会場のホテルに「パーティーを中止せよ」と街宣攻撃をかける団体も現れるなど、開催4～5日前からにわかに動きが活発になった。経営塾側は抗議が押し寄せた当初から警察と逐一相談しながら対応にあたっていたのだが、地元の麴町署ではパーティー開催に備えてかなり厳重な警備体制を敷いたという。出席を噂されていた財界人も、当時の豊田章一郎経団連会長が逸早く「出席する予定はありません」と表明するなど、業界はこの話でもちきりになった。

夕刊フジと『週刊文春』がこの件を大々的に報じたのはそんな時期であった。ワイドショーまでもが取り上げたことによって、涙ながらに抗議の電話をかけてくる主婦もあったという。

宮内庁から「詳しい事情を伺いたい」という電話が入ったのは『週刊文春』発売当日の7月11日のことであった。宮内記者会の間では、宮内庁もえらく対応が早い、と囁かれたというが、何のことはない。前述したように宮内庁はそれ以前から『経営塾』の記事を手にしていたのだが、大手マスコミが取り上げてから慌てて腰を上げたというのが真相のようだ。

翌12日、中原秀樹・経営塾専務が宮内庁を訪れ、針木社長の宮内庁長官宛て謝罪文を提出した。この日は金曜日だが、週明けの月曜日はパーティー当日。招待状を受け取っていた企業からも問い合わせが入るなど、経営塾は緊張感に包まれた。既にワイドショーで取り上げた日本テレビ以外のテレビ局からも取材のための問い合わせが入ったほか、右翼団体からも「本当にパーティーはやるつもりなのか」という電話が何件か入っていた。街宣車や会場に押し掛けるスタッフの手配など、右翼団体側も準備に追われていたのである。

どうも既にその日の午後には、経営塾側はパーティー中止に傾いていたらしい。混乱が予想されるなかで強行しても、事態を悪化させるだけだという声が強くなっていたようだ。

## 直前に決まったパーティー中止

経営塾にとって幸運だったのは、パーティーの招待状に財界人らの名前がなかったことであった。経営塾を励ます会でなく謝恩パーティーという名目だったため、招待状には針木社長の名前しか書かれていなかった。この時期、パーティー中止を狙った右翼側がまず考えたことは、出席予定者を割り出して事前に質問状を送付するという形で圧力をかけることであった。財界人らが発起人にズラリと名前を連ねた招待状を想像した彼らは、手を尽くして招待状を入手してみてガッカリしたという。

結局、パーティーの中止が正式に決まったのは12日の夕方6時頃。財界人など主な出席者には電話で、その他の者にはハガキで「事情によりパーティーは中止になりました」というお知らせが行われた。間に週末がはさまったため、このハガキは多くの場合、月曜日の午前に届くことになった。

1200名の参加予定者のうち、連絡の行き違いで当日会場を訪れた者は100名以上にのぼった。当日、会場となったホテルには経営塾の社員がつめて、誤って訪れた参加者に事情を説明。パーティーの引出物として1200個も発注されたケーキの箱を配ったという。

その日発売された『経営塾』8月号は判型も含めて大幅リニューアル。記念すべき号であったはずが、巻末には大きなスペースで「お詫びと訂正」が掲げられていた。

《弊誌七月号の掲載「架空・身の上相談」(四十七頁)の文中、皇室に対して不敬と受け取られる表現がありました。関係者各位にお詫び申し上げると共に、該当頁を取り消します。

平成八年七月一五日　　　　　　　　株式会社　経営塾》

この謝罪文については、一部右翼団体から、「不敬と受け取られる表現」というのは何事か、反省が足りないのではないかとか、社名だけでなく針木社長の個人名を出すべきではないかといった声も上がったという。

メディアを攻撃する場合、その広告スポンサーに圧力をかけるというのが、右翼団体の手法であった。その意味で、企業広告への依存度が高い経済誌の場合は、経営の根幹を揺るがすことになる。『経営塾』の場合も、大変なのは、実はこの後だった。

## 全国紙での謝罪と社長退陣

１９９６年９月17日に発売された『経営塾』10月号には、巻末のほぼ１ページ全てを使って「謹告」なる文章が掲載され、しかも同時に針木康雄社長がこの10月１日で相談役に退くという「お知らせ」も掲げられていた。

その「謹告」とほぼ同じものは、実は９月16日付読売新聞にも掲載されていた。全国紙を使っての〝謝罪〟である。

まずは少し長くなるが、『経営塾』10月号に掲載された「謹告」を引用しよう。

《謹告

去る六月十七日に発売した本誌七月号誌上に皇室に対して不敬に当る記事を掲載したことを改めてお詫び致します。

今回の問題について、社長以下、担当役員を中心になぜこのような記事が掲載されたのかを、反省の上に立って調査、検討してまいりました。

その結果、何よりも日本国憲法の第一章第一条で規定された「天皇は、日本国の象徴であり日本国民統合の象徴であって、この地位は、主権の存する日本国民の総意に基く」という日本人として当然の理解を怠り、そのため、皇室に対する敬意と配慮に欠けたことによるものという結論に達しました。加えて過密なスケジュールから緊張感が欠如し、さらに編集上のチェック体制が不備だったために、本来ならばその内容からして当然、チェックされてしかるべきものがされなかったという事情もありましたが、それらはあくまで社内事情の問題で、世間に向かって弁明できるものではないと考えています。

また、本誌七月号発売後の対応においても宮内庁を通じて皇室への謝罪文の提出（七月十二日）、「お詫びと訂正」（八月号）の掲載、七月十五日に予定していた「創刊一〇〇号記念謝恩パーティ」の中止など深謝、自粛の意を表明してまいりましたが、その面においても敏速性を欠き、かつ内容が不十分だったため、読者、広告主をはじめ関係各位に多大なご迷惑をおかけしたことを心よりお詫び致します。

これらの点を踏まえて、「国民統合の象徴」である天皇陛下をはじめ皇室へのより一層の理解と敬慕を深めることとし、その上に立って社内の綱紀粛正、責任の明確化をはかり、同時に作業工程の改変、編集上のチェック体制の見直しを進め、その充実をはかっていくことに致しました。皆様のご理解を賜りますようお願い申し上げます。

平成八年九月　　株式会社　経営塾　社長　針木康雄》

「謹告」が掲載された10月号を見ると、以前は40～50社入っていた広告がほとんど入っていない。つ

謝罪の載った『経営塾』1996年10月号

まり、2カ月ほどで、『経営塾』の広告スポンサーのほとんどが出稿を見合わせるという事態にいたったのである。7月下旬以降、同誌スポンサー企業への右翼からの抗議活動が行われた結果だった。

不幸なことに、謝罪文の掲載された8月号はちょうど100号記念の特別号。同誌スポンサーの名刺広告がズラリと掲載されていた。広告主への攻勢を考えていた右翼団体にとってみれば、それは格好の材料だった。

社員20数人と言われる経営塾、しかも経済誌は大体そうなのだが、収入の8割は広告という。その資金源を絶たれてしまったわけで、この状況が長く続くならば、経営危機に陥るのは明らかだった。針木社長退陣は、その危機を何とか乗り切るために行われた最終選択だった。

『経営塾』への抗議を続けてきた昭和維新連盟の板坂雄二会長に話を聞いた。

「我々にとってみれば、ああいう記事を書くこと自体、信じられない思いですよ。これがかつての不敬罪が存在した時代で、自らが罰せられることを覚悟してそこまでやったというなら別ですが、今は書かれた側は反論する場もないし、書いた側は何の責任も問われない。許せないですよ」

昭和維新連盟が最初にこの問題で抗議行動を行ったのは、100号記念パーティーの直前、7月12日のことだった。会場に予定されていた赤坂プリンスホテルにその日の夕方訪れ、会場を経営塾に貸さないようにと申し入れたのである。その申し入れを行っている最中に、ホテル側から「今、パーティーが中止になったと経営塾から連絡が入りました」と聞かされた。パーティーが予定されていた15日には経営塾本社と針木社長の自宅へ5台の街宣車で抗議。友好団体との統一行動で20人が参加したという。

実は昭和維新連盟に話を聞きたいと思ったのは、その後、この団体が、経営塾の広告スポンサーへ公開質問状を一斉に送付した、と聞いたからである。

「8月号に名刺広告を載せていた企業230社くらいに質問状を送りました。社会的責任のある企業として経営塾の問題についてどう考えるのか、聞かせてほしい、という内容でした。回答のなかった企業には8月に入ってもう一度質問状を送りました」

昭和維新連盟の幹部がこう語る。「で、企業側の反応はどうでしたか」と尋ねると、「文書で回答を寄せてきた企業が50社くらい。電話をかけてきたところを含めると半数くらいでしょうかね。大半は、当分、経営塾とのつきあいはしないという内容でした。中には、今後いっさいつきあわないという企業もありました」

そう話した後で、この幹部氏、「我々もちょっと驚いたんですが」と言ってこんな話をしてくれた。

「10社近くですが、『今回のことがあってむしろ良かったと思っています』と言ってきた企業もあるんです。今まで仕方なくつきあってきたが、これでつきあいを絶つことができる、というわけです。中には、我々が質問状を送っていないのに、わざわざ電話してきて、質問状を送ってくれればすぐにつきあいをやめるから、と言う企業もありました」

『経営塾』に限らず、経済誌には企業の方もいやいやながらつきあっているのだという風説を裏付けるエピソードである。もちろん、右翼団体に質問状を送りつけられて企業側も圧力を感じただろうから、そういう状況下での話だと多少割り引いて聞く必要はあるにせよ、だ。

但し付け加えておくならば、質問状を送られた企業の中には、封も切らずに送り返してきたところもあったという。

## 右翼側の要求は『経営塾』の廃刊

7月15日のパーティー中止後も抗議行動を継続した右翼団体は多かった。また、週刊誌などで『経営塾』の件が取り上げられて事態を知り、新たに抗議に参加した団体もあった。

前出の三澤浩一氏にも改めて話を聞いた。三澤氏は8月3日付で再び針木康雄社長宛ての「勧告状」を出した。これまでの経営塾の対応には「真実の謝罪と反省が現れてこない」として、改めて次の3点を要求したのであった。

「一、筆を折ること。すなわち、経営評論家として引退し、執筆・講演などは遠慮すること。

一、『経営塾』を廃刊すること。

一、㈱経営塾の経営から手を引くこと。当然のことだが、社長はいうまでもなく、取締役をも辞任すること。」

「9月4日に街宣車で経営塾に抗議しました。編集長が対応したので、針木に会わせろ、と伝えたのですが、2日後に、会うという返事がありました。9月10日、同志の平岡元秀、日野興作の両名とともに、『不敬言動糾弾闘争委員会』という名称で針木社長らと会いました。専務と前編集長、現編集長も同席していましたが、その時点で既に出処進退について近いうちに明らかにするのでそれを見てほしい、と言っていました」（三澤氏）

実は、針木社長の10月1日退任が決定するのはその翌日、9月11日の役員会であった。パーティーの中止後も事態が収束しないのを見て、8月頃から、針木社長は親しい人に「俺は辞めた方がいいんだろうか」と漏らしていたらしい。オーナーでもある針木社長の退陣は、本人が言い出さない限り出てこない。どう対処するのが一番よいのか、針木社長の胸の内を様々な思いが去来したようだ。

この間、針木社長は警察当局の指導で移動などの際には1時間1万円といわれるボディーガードをつけて身辺警護を行ってきた。また右翼団体の街宣車が何度も自宅へやってきており、留守中の家族の安否も気づかっていたという。心労もかなりのものになっていたようだ。

ともあれ11日の役員会で、針木氏が相談役に退き、中原秀樹専務が後任に就くことが決まる。経営塾にとっては最後の切り札ともいうべき決断で、この前後、針木氏は、右翼との面会を承諾している。それまでは、針木社長に会わせろという右翼側の要求を幹部がガードして突っぱねてきたのだが、結局、本人が腹を固めたということなのだろう。

実は役員会の翌日12日には、事件の推移に大きな影響を与えると思われた右翼団体との話しあいが控えていた。11日に急遽役員会が招集されたのは、どうもそのためだったようにも思えるのである。

## 街宣車60台の抗議、企業側にも様々な波紋

9月12日に経営塾の抗議に訪れたのは全日本愛国者団体会議（全愛会議）関東協議会であった。多数の参加団体を抱える連合体である全愛会議が取り組みを決めたことの影響は大きい。

12日は教科書問題での文部省（当時）への抗議行動が行われ、街宣車60台、１８０人がこれに参加した。経営塾は場所が近くであったため、同じ日に抗議行動が行われたのであった。

団体側はあらかじめその日訪れることを予告しており、経営塾側も針木社長を始めとする幹部が代表団と直接会って話すことを決めていた。この場でも針木社長は、既に出処進退については決めている、と抗議団に説明している。

針木社長退陣という経営塾の決定を受けて、この後、右翼側の攻勢はどうなるのか。否応なく火の粉を被った企業も含めて、傘下団体の多い全愛会議の動向については注視していた。

私がその事務局に取材申し入れをしたのは9月20日。電話での感触では取材を受けてもらえそうだったのだが、27日になって、今のところは詳しい話はできない、という返答。大まかな経緯については話してもらえたのだが、「抗議行動が継続中なので……」ということであった。後で別の筋に聞いてみると、この時期、全愛会議では経営塾への抗議行動をどうするのか傘下団体の意見を調整していた最中だったらしい。

針木社長は雑誌廃刊だけは避けたいと自ら退任したのだが、広告スポンサーの撤退が『経営塾』にとってかなりの痛手だったことは間違いない。

また『経営塾』のスポンサーに質問状を送り付けたのは昭和維新連盟だけではないようで、この事件は、企業サイドにも様々な波紋を投げかけている。

例えば『週刊実話』8月1日号が『経営塾』100号記念パーティー中止の件を記事にした際、多くの企業が出席を見合わせるなかで「『俺は絶対に出席するから』」と、針木氏と親密な間柄にある大手ビール会社のトップからの激励もあったようだ」と書いた。針木氏と親しい大手ビール会社のトップといえば、それがアサヒビールの樋口廣太郎会長を指すことは調べればすぐわかる。そこで、この記事が出た後、樋口会長のもとへ右翼団体から質問状が届く、という事態になったのである。

樋口会長側は、『週刊実話』の記事は誤りで、パーティーに出席しないことは以前から決めてあった、と困惑しきりだったという。

この話には後日談がある。樋口会長が自らのもとへ火の粉がかかるのを避けようとするあまり、自分と針木氏との関係を躍起になって否定するものだから、逆に『経営塾』周辺に、あまりに手のひらを返したような対応ではないか、という声が起こったというのである。

一時はもう『経営塾』は廃刊するのではないか、と言われたこの事件、針木社長退陣などの経緯を経て、結局雑誌は生き残り、その後『ＢＯＳＳ』と改題して発行は続いている。

80年代以降、右翼団体がメディアを攻める時には、スポンサーにも抗議するというパターンが一般化していった。商業メディアにとって、それが最も痛手になることを、右翼団体は経験によって学んでいったのだった。

# 第11章 『噂の眞相』流血事件

## 編集室を2人の右翼が訪れた

新宿にある『噂の眞相』編集部を右翼団体「日本青年社」の2人が最初に訪れたのは2000年6月5日のことであった。後に逮捕されることになるのだが、ひとりは同団体の三多摩本部行動隊長、もうひとりは副隊長を名乗っていた。彼らは同誌6月号の1行情報欄で「雅子が再び5月に『懐妊の兆し』で情報漏れ警戒した宮内庁が箝口令《かんこうれい》の説」と、雅子妃が敬称なしの呼び捨てで書かれていたことに抗議に訪れたのであった。

その時は、あいにく岡留安則編集長は不在だった。編集部員が携帯電話で連絡をとり、7日の午後6時なら応じられるということで、アポをとりつけて右翼2人はそのまま引き上げた。

6月7日。約束の時間の5分前に2人は再び編集部を訪れた。同編集部はビルの6階にあったのだが、来訪者は編集室入り口でスリッパにはきかえることになっていた。もし入り口でもめごとになってもそのまま来訪者が土足で踏み込みにくいようにそうしているのだ、と岡留編集長自身が語っていた。

この日の場合は、事前にアポもとってあったし、後に述べるような事件に至るとは、編集部側は思いもよらなかった。右翼2人は奥の編集長の部屋に通され、応接ソファにガラス製のテーブルをはさんで編集長及び副編集長と向かいあって座った。お茶も出され、双方がまず名刺を交換するという、話しあいの雰囲気だったのである。岡留編集長に傷を負わせる凶器となったクリスタル製の重たい灰皿もテーブルの上に置かれていた。

「右翼関係者から、あとでさんざんバカじゃないか、と言われたけどね。抗議に来た右翼と会う時は茶わんや灰皿は隠すもんだと言われた」

事件から10日ほどして会った時、6針縫ったという額も抜糸してあまり目立たなくなっていた岡留さんは、そう言って苦笑した。

2000年(平成12年)6月8日　木曜日　朝日新聞

「噂の真相」編集長に暴行
右翼2人、皇室記事巡り
傷害容疑で逮捕

七日午後六時十五分ごろ、東京都新宿区新宿三丁目の月刊誌「噂の真相」社から「右翼の男二人が来てトラブルになっている」と一一〇番通報があった。警視庁四谷署員が駆けつけたところ、同誌編集長兼発行人の岡留安則さん(52)が足や顔にけがをしており、二人を傷害容疑の現行犯で逮捕した。同署は、二人が皇室に関する同誌の記事をめぐって抗議に来て、岡留さんらと話しているうちに興奮し、暴力を振るったとみて調べている。

逮捕されたのは、右翼団体「日本青年社」三多摩本部行動隊長の島村秀見容疑者([illegible])と、同本部副隊長の葛西俊夫容疑者([illegible])。

調べでは、島村容疑者らは午後五時五十五分ごろ、同誌の事務所に抗議に訪れ、副編集長室で岡留さんと副編集長に抗議をするうち、テーブルにあった灰皿や台所にあった果物ナイフを投げつけたり、殴ったりして岡留さんにけがをさせた疑い。岡留さんはナイフで右足を切るけがをしたという。

「噂の真相」の関係者によると、島村容疑者らは同誌六月号の「一行情報」というコーナーに掲載された皇太子妃の雅子さまに関する報道内容に抗議。「雅子さまを呼び捨てにしたのは納得がいかない。謝罪しろ」と話していたという。

二人は今月五日に同社を訪れ、この日に会う約束をしていた。同容疑者は午前中にいったん来たが、岡留さんが不在だったため、午後に再び訪れたという。

警視庁公安部などによると、日本青年社は一九六九年に結成。東京・六本木に総本部があり、メンバーは千数百人。単一右翼団体としては、全国最大規模とされる。七八年に尖閣諸島の魚釣島に灯台を建設し、尖閣諸島の領有問題も運動の柱にしている。

表現活動撤退せぬ

岡留安則編集長の話　話し合いが通じず、言いがかりとしか思えない暴力行為には怒りを感じる。今回は恐怖心を感じたが、自由な表現活動を撤退するつもりは一切ない。

マンションで男性殺される　墨田区

七日午後三時ごろ、東京都墨田区江東橋四丁目のマンション六階の部屋で「住人の男性が死んでいる」と、男性の勤務先の上司から一一〇番通報があった。室内のベッドの上で、運送会社従業員村田保さん([illegible])が首などを刺されて死んでいた。室内に物色された跡があり、警視庁捜査一課は強盗殺人事件とみて本所署に捜査本部を設けた。

岡留編集長が襲われた「噂の真相」誌の編集室。書類が散乱し、床には血が飛び散っていた＝7日、東京・新宿で

2000年6月8日付朝日新聞

編集部側が無警戒だったのには幾つかの事情があった。

ひとつには、この事件の前、同誌は雅子妃懐妊をめぐる記事で別の右翼団体「皇道正論社」の街宣抗議を受けていたのだが、団体側の会長及び代表と、岡留編集長及び川端幹人副編集長が近くの喫茶店で話しあい、一件落着した、という事情があった。

「相手側の抗議を聞き、こちらも編集方針を説明した。

本誌の雅子妃報道が〝弱いものイジメ〟ではないかというので、そうとられるとしたら心外で、今後は気をつけたい、と説明した。本誌が反権力で闘っていることも評価してくれたし、そういう話しあいがきちんとできたので、ああ右翼も話しあえばわかるんだなと思ってしまった」（岡留編集長）

無警戒だったもうひとつの理由は、最初に訪れた2人が日本青年社を名乗ったからであった。

「前の会長とは面識があったし、今でも日本青年社からは機関紙を毎号送ってくれていた。最近は体制と方針が変わったとは聞いていたが、今回のような事態は予想しなかった」（同）

1980年の『噂の眞相』の「皇室ポルノ」事件を始め、80年代に雑誌が次々と右翼の攻撃を受けたことがあった。その後天皇の代替わりを経て、90年代には「朝まで生テレビ」で右翼と左翼が生放送で激論を交わすといった、それまでは考えられなかった事態が訪れ、言論機関と右翼の関係は変わってきつつあった。少なくとも、いきなりテロというのでなく、一定の議論ができる土壌が少しはできつつあったのである。『噂の眞相』が、当初警戒心が希薄だったのも、そうした背景があったからと言えそうだ。

## 休刊要求を断るといきなり暴力

編集部でテーブルをはさんで応接ソファーに相対して座った4人は、最初の十数分は話しあいを行っていたという。岡留編集長によるとその後の経過はこうである。

「彼らは抗議文は持ってきておらず、口頭での抗議だったが、雅子妃を呼び捨てにするのは侮辱であ

『噂の眞相』編集部でインタビューに応じる岡留安則編集長

り、謝罪せよと要求した。僕の方は、謝罪は構わないと思ったんだが、それだけでなく彼らは、雑誌を1号休刊にしろと主張した。

もしかすると彼らは6月号の1行情報を読んで予告だと思い、次の号で雅子妃問題を特集しているのではないかと思ったのかもしれない。ちょうどその日は7月号の搬入日で新しい雑誌が届いていたので、彼らにそれを見せた。別に雅子妃問題はやってませんよと示したわけだ。

ところがあくまでも休刊しろというので、それはできないと断わると、突然暴力をふるい始めた。まずひとりが川端（副編集長）の顔にお茶をひっかけ、それを合図にしたかのように2人が殴りかかってきた。もう問答無用という感じだった。ものすごい音がしたので隣の部屋にいた編集部員が気づいて、男3人が駆けつけてきた。でも、うちは体育会系採用はやってないから（笑）、やられっぱなしだった」

クリスタル製の灰皿で殴られ、岡留さんは太ももに3

針、額に6針縫う裂傷を負った。大量出血で血だらけになるほどだったという。副編集長も殴る蹴るの暴行で肋骨を折る怪我を負った。双方の間にあったテーブルはガラスの厚板が上に置かれたものだったが、右翼のひとりはそれを持ちあげてふりかざし、襲いかかろうとしたという。

「相当重いものだし、それで殴られたら今回程度の怪我じゃすまなかったろう。だから部員が必死で止めた。しかも、彼らは近くにあった流し台から包丁を持ち出した。刃渡り12～13センチほどの包丁だが、さすがにそれを見た時は、ヤバイと思ったね」（同）

怪我は編集長と副編集長だけでなく、止めに入った部員たちにも及んだ。この模様を書いた『噂の眞相』ホームページのスタッフ日誌から引用しよう。

《翌日になって、男性スタッフの多くが負傷を負っていたことが判明した。編集長と同時に襲われた副編集長は、病院に行き、肝臓には異常はみられなかったものの、「ろっ骨にヒビが入っている可能性がある」との診断で、痛みのためこの日一睡もできず、人の手を借りないと立ち上がれない状態。また直接襲われなかったものの、騒動を止めようとした編集Mは振りおろされた椅子に手を強打して、左手がグローブのように腫れ上がった。さらに脇腹を殴られたN記者は帰宅後も痛みがとれず、朝イチで医者に行ったところ、なんとろっ骨にヒビがはいっていることが判明、コルセットを巻いて出社する羽目に。またT記者は顔面を殴られたため、口内が切れ、前歯がグラグラして食事にも不自由するなどと、まさに満身創痍状態で翌日を迎えたのだった。暴力の恐ろしさを感じた一夜だったが、翌日は欠勤することなく全員が出社……》

暴行事件当時、隣の部屋には4人の女性部員もいた。騒動が始まって2～3分後にそのひとりが警察に通報。6時半には四谷署から警官が到着。右翼2人を現行犯逮捕した。

「警察が駆け付けた時、2人は隣のスタッフの部屋にいた。そこには女性もいたんだが、彼らはまだ興奮していたが、暴力はふるっていなかったようだ。逃げようと思えば逃げられたはずだが、そんな素振りもなかったんで、初めから逮捕覚悟で確信犯として来たんだろうね」（岡留編集長）

2人が武器を持ってきていなかったし、最初は話しあいが行われていたことから、この事件については、計画的なテロでなく、話しあいの成り行きで右翼側が興奮して暴力を振るったと思った人が多かった。私も当初そう思っていたのだが、どうもそうではないようだ。

ちなみに『噂の眞相』では編集室に設置されていた防犯ビデオに写っていた暴行現場の映像を、ホームページで公開した。後に日本青年社を取材で訪れた際、「我々もあの映像は見させてもらいました」と右翼側も語っていた。

## お見舞いとともに事件後も脅迫電話が

事件は当日の夜、「ニュースステーション」や「ニュース23」で大きく報道された。私は見なかったがNHKのニュースでも報道されたようだ。翌朝には朝日新聞が社会面に写真入りで大きく報道したが、他紙は比較的小さな扱いだった。確かに怪我の程度を考えると傷害事件としては極めて大きいものといえない。皇室問題をめぐる右翼のテロという、そのことをどう考えるかでニュース性の判断が分かれたのだろう。

その後の経緯については再び『噂の眞相』のホームページから引用しよう。

## ●6月8日

《一応事件は収拾されたが、新聞が一斉に報じたこともあり、翌日もお見舞いの電話が鳴り響き、週刊誌などの取材申し込みも引き続きある。さらに右翼団体幹部の名を語る脅しの電話もあったが、これは後に〝ニセモノ〟によるものだったと判明するなど、その余波はまだまだ多い。どこぞのホームページに編集長の自宅住所が公開されるなど不気味な動きもある。今後も何らかの警戒が必要だろう。また四谷署の刑事たちが来社し、昨日の事件の模様を再現する実況検分も行われた。編集長や副編集長、そして逮捕された2人組の名前の書かれたプレートを首からかけた刑事たちが、〝その瞬間〟の動作・現場を再現し写真を撮ったのだが、初めて見るこの様子にスタッフたちは興味津々だった》

## ●6月9日

《右翼2人組の襲撃事件から丸2日間が経過し、編集室もようやく落ち着きを取り戻した。この間、本誌スタッフの関係者から本誌には続々とお見舞いの花やお菓子、電話などが入り、その数は200本以上はあっただろうか。一般読者からも手紙やFAX、メールが入り、編集スタッフは大いに励まされた》

《ところで、襲われた2人の怪我だが、編集長は既に報告した通り、全治2週間との診断だったが、その後太股の傷口周辺がパンパンに腫れ、歩行も困難に》

《副編集長はその後、肋骨及び肋軟骨を骨折しており、全治3週間との診断で、コルセット姿で出社。助けに入り肋骨にヒビの入った主力記者Nともどもコルセット姿で編集部の笑いをとる事態に。同じく助けに入った編集Mも左手が大きく腫れ上がり、包帯グルグル巻きだ。

今回の一件で危機管理の甘さを露呈した編集部だが、今後ともこの開放性は残しつつもそれなりに厳重チェックと防衛手段を施すことにする。というのも、事件後も例えば「愛国国憂会の会長の飯田だ。ガソリンをまきに行く！」といったタグイのオドシが3本ほど入っているからだ。事件が大きく報道されたための便乗犯だと思われるが、油断は禁物》

## 波紋を呼んだ宮崎学さんの提言

さて事件後、ちょっと波紋を呼んだのが、〝突破者〟宮崎学さんがホームページに書いたこんなくだりだった。
《あの事件で「右翼」の暴力はもちろん許せないものではあるが、岡留氏にいいたいのは、「あなたはこの事件を腐敗警察に被害届けをだす、などということをすべきではない」ということである》
《体を張って真の報道とはなにかを示してきたのが岡留氏の値打ちであり、ジャーナリズムである以上、最後まで筋を通

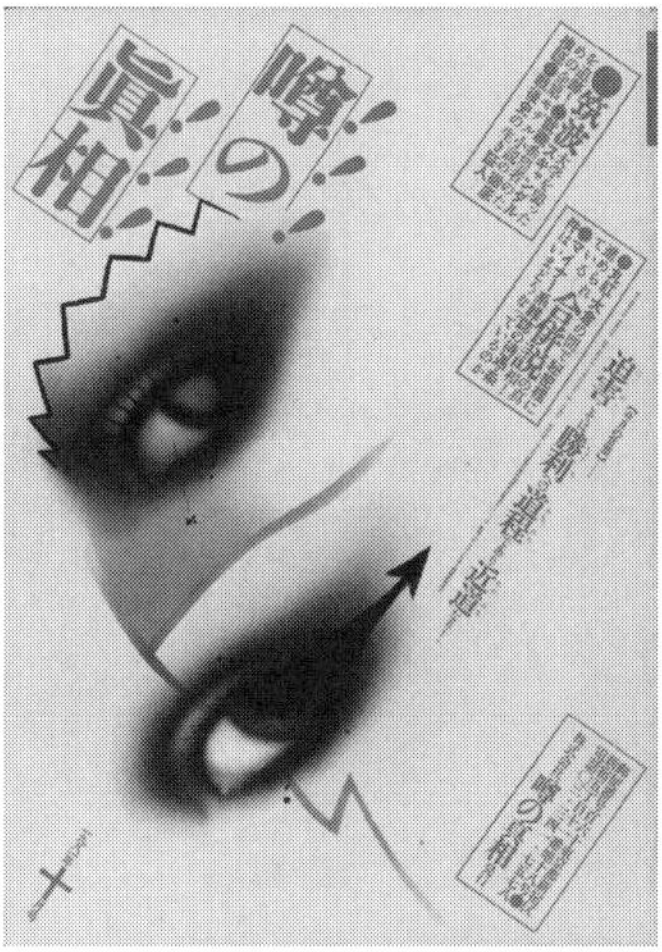

タブーに挑戦していた『噂の眞相』

してほしい。ジャーナリストなんちゅう、瓦版屋のなれのはてが、唯一威張れるとしたら、そういうことがちゃんとできたやつである、ということだ》

《岡留氏が筋を通して、なお、身辺に不安を感じるちゅうなら、電脳キツネ目組用心棒班は無料警護を引き受ける用意がある》

波紋を呼んだというのは当然ながら、反権力を標榜《ひょうぼう》するなら警察への通報などしない方が……という一節だった。

宮崎さんの批判を岡留さんにぶつけてみると、こんな答えが返ってきた。

「思想犯やイデオロギー犯と呼べるような話しあいが通じるところとは、何時間でも議論するし、権力に突き出すようなことは絶対にしない。でも、問答無用で暴力をふるうような相手では暴徒暴漢と同じと判断せざるをえない。宮崎学は作家以前も以降もヤクザの仁義で闘っているわけで、彼の論理や生きざまはわかるけれど、俺は俺流にやるしかない。昔は左翼だったけど、今は書店売りの商業雑誌をつくる市民主義者なんだから（笑）。

それに俺ひとりだけやられるんだったらいいけど、若いスタッフは別にイデオロギーがあってこの仕事をしてるわけじゃないんだから、襲われて流血の事態になってるのに警察を呼ばなければ収まらないだろう。こちらは自衛も武装もしていないわけだし……」

確かに今回の場合は、警察への通報はやむなし、と私も思う。

事件後、右翼を名乗っていたずら電話してくる愉快犯だけでなく、右翼団体から抗議や話しあいを求めてくる動きもあったという。警戒心は持ちつつも、話しあいは拒否しないという姿勢は保っており、私が取材に訪れた翌日にも、他の団体との話しあいが予定されていると言っていた。

前述したように『噂の眞相』は80年に「皇室ポルノ」事件で右翼の猛攻撃を受けている。一時は岡留編集長がテロにあうのではないかという噂も流れる一触即発の事態に至ったが、結局、同誌は謝罪文を掲載し、負傷者を出すことなく事態は収拾したのだった。

その後も同誌は、大手マスコミではできないような皇室タブーに踏み込む記事を何度も掲載。以前の編集部はビルの1階にあったため、襲撃を恐れて防弾ガラスを使用するなど一定の警戒は行ってきたのだった。その間の同誌の皇室報道について、岡留さんはこう語った。

「20年前の『皇室ポルノ』事件を経て、うちも皇室報道には気をつけてきた。挑発的な言動やあからさまな中傷をするのでなく、皇室問題を正攻法で取り上げる。例えば民俗学を取り入れながら語るとかね。『皇室ポルノ』事件については、確かにうちがいくら表現の自由を主張しても、烈火のごとく怒る右翼はいるだろうし、天皇制批判の手法としては稚拙だったと、反省した。その後は、そういう反省のうえにたって皇室ものを取り上げてきた。この20年間、右翼のテロにあうことがなかったのはそのためもあったと思う」

## ロフトプラスワンで事件について討論

そんななかで2000年6月15日夜、新宿のロフトプラスワンで「右も左もかかってこい!」というテーマでトークライブが開かれた。出席者は右翼側から元護国団最高顧問の石井一昌さんと一水会代表の木村三浩さん、左翼側は元戦旗派の荒岱介《たいすけ》さん、宮崎学さん、途中から評論家の三上治さんも加わった。企画者はフリーランスの木村愛二さんだった。私も誘われたのだが、当初は6月15日を記念して60年安保について話すということだったので、私は適任でないと辞退し、当日は聞き役として参加した（プログラムには勝手に出席者欄に名前が載っていて、おいおいと思ったが）。

当日会場には右翼らしき人が大勢詰め掛け（結構幹部も来ていたらしい）、いつもと違う雰囲気。しかも元戦旗派の荒さんに対して、以前ロフトで彼らから暴力行為を受けたとするグループが会場でビラをまこうとして実力で阻止され、こぜりあいになるなど、開演直前は緊迫した雰囲気だったらしい。私は遅れて行ったので、残念ながらその場面は見逃したが、あとで会場撮影のビデオを見ると、右翼の石井さんがもめている一団に向かって「あれは右翼じゃないよな。右翼にはあんな行儀悪いのいないはずだから」と発言。絶妙なユーモアに会場が大笑いとなった。

そんななかで途中から宮崎学さんが『噂の眞相』襲撃事件のことに触れ、木村三浩さんも意見を述べるなど、ちょっと興味深い展開になった。途中の休憩時間にロフトプラスワンのオーナー、平野悠さんに「篠田さんも上がってよ」などと言われ、後半は私も壇上で話をすることになった。会場に右翼が大勢来ている場で、右翼のテロについて話すなどというのは、あとで考えると冷汗ものだが、こういう問題がこんなふうにオープンに議論されること自体は、すごくよいことだと思う。

## 日本青年社に直撃取材

『噂の眞相』の事件については、いろいろ背景も取り沙汰されている。逮捕された右翼メンバーの行動について日本青年社としてはどう考えているのか。それを知りたくて、同団体に取材を申し入れた。

「マスコミはいつも行われた行為のみ取り上げて反社会的とか言うけれど、物事には原因があるわけで、なぜうちの隊員がやむにやまれぬ気持ちからそうしたのかを問題にすべきじゃないですか」

六本木にある日本青年社総本部で、山崎誠総局長はそう語り始めた。

「雅子妃についてはご懐妊報道を含めてこの間、興味本位に取り上げられて、それだけでも心労が重なっていると思われるのに、『噂の眞相』の場合はそれに加えて呼び捨てでしょう。とんでもない侮辱ですよ。これは右翼でなくとも、話をすれば皆ひどいと言ってますよ。民族派の場合はもちろんのことで、事件後、賛同や激励の電話が日本青年社にたくさんかかってきています」

山崎総局長は6月7日の夜のニュースで事件について知ったという。同様にマスコミ報道によって事件を知った隊員がほとんどらしく、日本青年社としては6月9日付で「日本青年社、下劣なスキャンダル雑誌『噂の眞相』に鉄槌を下す!」という内部文書を流して経過を説明、「両名が身を挺して御皇室侮蔑をする『噂の眞相』に鉄槌を下したことは、民族派運動家として当然のことである」という総本部の見解が示された。

「同じ隊員ですから、他人ごとと捉えてはいません。所帯を持って女房・子供がいながら刑に服する覚悟で体を張るというのは当人たちにとっても大変なことで、その心情は理解しなくちゃいけないと皆が思っています」

日本青年社は99年4月に松尾和哉会長が就任。今回の行動は、最大の動員数を誇ると言われる同団体が〝武闘派〟に転じたことを示すもの、という見方が事情通の間では多いのだが、それについて質すと、即座に否定された。

「今年初めに会長も言っていたのですが、今まで右翼の古い概念に捉われて国民大衆に理解されないところが多かった。それを反省し、一般の人たちに真意が伝わるような運動をしなくちゃいけない。そういう方針を掲げているんですから、武闘派に転じたなんてことは全くないですよ」

## 「話せばわかる」はマスコミの誤解？

雅子妃の呼び捨てが侮辱的だと感じたというのは理解できないでもないが、ただその抗議がいきなり流血のテロという形態でしかありえないのか。他の右翼にも話を聞いてみることにした。

新宿ゴールデン街で待ち合わせ、深夜まで飲みながら話を聞くことになった相手は犬塚哲爾（博英）さんである。元々は鈴木邦男さんらと同じ一水会創設メンバーだが、考え方の違いから袂《たもと》を分かった人で、80年の『噂の眞相』「皇室ポルノ」事件の時には同誌に激しい抗議行動を展開した。ただ、その後「あの雑誌の皇室報道は納得できないが、大手マスコミがなしえないような権力批判を続けているところには小気味よさも感じている」とのことで、岡留編集長とも面識を保っている。もっとも本人の弁では「他の右翼からはあんな奴となぜつきあうんだと言われている」とのことである。

前述したようにこの10年ほど、言論機関と右翼の間で、いきなりテロというのでなく議論を重ねていこうという空気が広がっており、それでいうと今回の襲撃事件はどうも突出した印象が否めない。そのあたりどう考えたらいいのか、犬塚さんの説明はこうだつた。

「確かに『朝生』での議論に見られるごとく、この間、議論の機会は増えてきたとは思うが、ただ一水会のようにマスコミと積極的に関わろうとする右翼は、全体からみれば一部の例外。鈴木邦男や木村三浩を見て、それで右翼全体が変わってきたと考えるのは誤解なんです。

話せばわかるというのはマスコミ側の思い込みで、尊皇心を傷つけられた場合、直接行動をとるのは当然だという右翼の方が多い。だから今回の事件を聞いた時、私は『噂の眞相』に危機管理の意識が薄すぎたんじゃないかと思いました。特にあの雑誌はいまやメジャーに近い存在になりつつあるのだから、反発もそれだけ大きくなるんです。

もちろん人を傷つけたり殺《あや》めたりするのがよくないというのは社会の常識ですよ。ただ、それでも刑罰を覚悟してでも実力行動をしなくちゃいけないと考える右翼もいるわけです。かつて野村秋介さんが〝肉体言語〟と言ってましたが、『言論には言論で』と言っても、実際にマスコミに発言の場が確保されている人など限られているわけです。その場合、自分の意思を伝えるためには直接行動という方法も担保されている。それが右翼の考え方なのです。

問題になった『噂の眞相』の1行情報について言えば、私もあれを見た時おかしいと思ったし、マスコミ側も暴力行為だけを問題にして言論弾圧だと言うんじゃなくて、報道の仕方の妥当性も議論すべきだと思う。ペンの暴力だって相当なものなのだから、言論に関わる側だってそれを行使する際に覚悟は持つべきなんです。

一般の市民であれば名誉を毀損された時には裁判を起こすとか方法もあり得るでしょうが、残念ながら皇室にはそういう手段が許されていない。そうであれば尊皇心を持っている右翼としては、自分たちが何とかせざるをえない。ただ、もちろん殺傷事件が起こることを陛下がお喜びになるかどうかという問題もありますから、何が何でも暴力を、ということではないと思いますが」

山崎さんの話も犬塚さんの話もにわかに肯定できない点は多いのだが、ペンの暴力を行使する側も、そのことに自覚と覚悟を持つべきだという点はその通りだと思う。

## 真相はケアレスミス⁉

2000年6月28日、早大でこの事件をめぐるシンポジウムが開催され、岡留編集長、宮崎学さんがパネラーを務めるというので聞きに行った。パネラーは他に3人だったが、ロフトプラスワン以上にまとまりのつかない集会で、主催した学生の「天皇制反対という人は今の若者にはいません」という発言に、ああそうなんだ、と世代間ギャップを感じたものだった。会場に右翼の石井一昌さんも姿を見せていたが、司会の学生が集会の最後に「きょう会場に右翼が来てなくてよかったですが…」と挨拶したのには、「おいおい来てるんだよ」と突っ込みを入れたくなった。

シンポジウムでの岡留さんの発言は前述した事件の経緯と重複するので、宮崎さんの発言の要旨を紹介しておこう。

《『噂の眞相』の事件は6月7日夜7時頃に知り、9時頃に編集部へ駆け付けた。再び襲撃があった場合は体を張って阻止しようとも考えた。

岡留さんには被害届けを出すべきでないともアドバイスした。『噂の眞相』を警察権力が守ってくれるはずはないと思ったし、警察の調査で真相が明らかになることもないだろうと思った。それならば「腐敗した警察の世話にはならない」と言った方が岡留さんの株もあがるし、自主的な解決を持ちかけて日本青年社に真相解明を迫ることもできる。

今回の事件は誰が指示し、背後で誰が動いたのか。真相はそう単純ではないはずだ。右翼、ヤクザを権力維持のために使うというのは昔からの権力の発想だ。「やられたらやり返せ」という言葉があるが、今回の事件については、徹底した真相究明こそが「やり返す」ことになる。

それと、右翼だけでなく左翼党派だってひどいことをやっていることを考えるべきだ。例えば中核と革マルの戦争だってたくさんの死者を出している。右翼のテロもとんでもないが、左翼の党派闘争についても考えてみなければならない》

シンポジウムの中で、岡留さんが興味深い発言をした。6月7日の右翼との当初の話しあいの中で「ケアレスミスの類いだったので謝罪要求だけだったら謝罪するつもりだった」というのである。雅子妃が呼び捨てにされていたことを右翼側は確信犯的行為と考えてテロに打って出たのだが、どうも編集部側は欄外の1行情報ゆえに神経を行き届かせていなかったというのが真相らしい。確かに『噂の眞相』は本文の記事では一貫して「雅子妃」という表現を用いており、1行情報だけ呼び捨てにする積極的理由があったとも思えない。

もしかして校正ミスで敬称が落ちたのではないかと岡留さんに確認したが、さすがにそれはないとの返事。ただ、呼び捨てにすることで皇室批判をするといった考えはなく、皇室批判は内容で行うのが筋だと思っているとのことだった。確かに今回の呼び捨てについては『噂の眞相』をよく知っている者の間でも、どうしてそんなことをと首を傾げる向きが多いのだが、雅子妃の敬称が落ちたのがケアレスミスだったとしたら合点がいく。もっとも、それでは一歩間違えば死者さえ出かねない、あの流血の事態はいったい何だったのかということになるが。

岡留さんは「現役の編集長が流血のテロにあったというのはこれが初めてかもしれない。もちろんテロに屈して表現を曲げることはない。ただこれまで〈自由な言論〉と〈開かれた編集部〉というのを方針にしてきたが、これからは最低限の警戒のために〈開かれた編集部〉のイメージを変えざるをえない。そのことが惨事そのものよりも憂欝だ」と語った。

6月28日、逮捕された右翼2人は起訴された。

# 第12章

# 封印された「皇室寸劇」

## 「不敬」ぶりを煽った『週刊新潮』記事

「あの見出しを広告で見た時、思わず血が騒いだというか、何かしなくちゃいけないいんじゃないかという気にさせられましたね。恐らくほとんどの民族派の人たちがそう思ったんじゃないですか。明らかにテロを煽ってますよね」

そう語るのは新右翼の論客・鈴木邦男さんだ。「テロはいけない、言論で闘うべきだ」といつも主張している鈴木さんでも、この見出しには煽られたという。

2006年11月30日発売の『週刊新潮』12月7日号「悠仁親王は『猿のぬいぐるみ』!『陛下のガン』も笑いのネタにした『皇室中傷』芝居」である。リードにはこうある。

《その瞬間、あまりの下劣さに観客も凍りついた。11月19日、日曜日。東京の日比谷公会堂で開かれた『週刊金曜日』主催の「ちょっと待った!教育基本法改悪 共謀罪 憲法改悪緊急市民集会」である。会場を埋めた2000人近い観客の前で、悠仁親王は「猿のぬいぐるみ」にされ、天皇陛下のご病気もギャグにされる芝居が演じられた……。》

目次にはこんなリードが付いていた。

《永六輔、中山千夏、矢崎泰久、本多勝一、佐高信らが参加した緊急市民集会。美智子皇后や君が代を貶《おとし》める「不敬で下劣」なイベントに観客は凍りついた》

この集会には私も客として参加していた。集会は4〜5時間にわたるもので、城山三郎さん、田中優子さん、内橋克人さんら作家・文化人と佐高信さんの対論が何組も行われた後、パフォーマンスが行われた。

煽情的なタイトルの『週刊新潮』2006年12月7日号

『週刊新潮』が問題にした芝居は「さる高貴なご一家」と題する、皇室をパロディふうにした寸劇で、劇団「ザ・ニュースペーパー」時代を含め、もう十数年も上演されてきたものだ。その日は「ザ・ニュースペーパー」から分かれた劇団「他言無用」(松崎菊也代表)の石倉直樹さんが美智子皇后らしき女性に扮してパフォーマンスを行った。

孫と称する猿の人形に語りかけるなどして笑いをとった後、先頃の園遊会を模して、客席を降りてきてお客に「あぁ、これは桂三枝さんですね。ちょっと感想を聞いてみましょう」などと言って、いきなりマイクを向けるパフォーマンス。最初にマイクを向けられたのが何を隠そう私だった。とっさのことで応答できなかったのだが、石倉さんは次々と客にマイクを向けては会場の笑いをとった。

『週刊新潮』の記事では会場が凍りついたことになっているのだが、私の印象では全くそんなことはなく、大半がこのパフォーマンスを楽しんでいるように思えた。ただ、それは私がこの芸をこれまで何度か見ていたせいかもしれない。

その日の集会は、永六輔さんがラジオで告知したこともあって、2000人近い聴衆が集まっていた。その日初めてその寸劇を見た人の中には、ギョッとした人もいただろう。もともとこの芸は、皇室タブーを逆手にとったもので、テレビでは上演できないものとして知られていた。小さな会場で演じられることを想定したネタだと思うのだが、この日は異例の大集会で、それが思わぬ騒動を引き起こした一因だったかもしれない。

「『週刊新潮』の記事が出る前に、実は我々の事務所に、その集会に参加した一般の人から手紙が来ていたのです。こんなひどい劇をやっていた、という内容でした」

都内に事務所を構える右翼団体の幹部の話である。右翼団体にわざわざ手紙を出した人の真意ははかりかねるが、2000人という聴衆の中に反発を感じた人もいたのは確かなのだろう。皇室を崇拝する人にとっては許しがたいと思えたかもしれない。だからあの芸を「下劣だ」と批判するのは自由だ。ただ気になるのは『週刊新潮』が「不敬」だとも言っていることだ。

この十数年ほど、日本社会では右傾化と言われる風潮が急速に進行し、「非国民」とか「不敬」という言葉が冗談でなく本気で使われるようになりつつある。皇室をギャグにした寸劇というのは、笑える人とこわばる人とがいるだろうし、万人が見るテレビのようなメディアでやる芸だとは思わないが、アングラ劇として上演することくらいは許容してもよいのではないかというのが私の感想だ。ところが今の風潮はそういうことを許さなくなりつつあるらしい。

ちなみに石倉さんの名誉のために書いておけば、この寸劇も皇族を貶めるだけの「芸にならない芸」では決してない。アブナイぎりぎりの線を狙った、その意味では「職人芸」なのである。『週刊新潮』の記事は初めにタイトルありきというべきか、集会内容をあまりに一方的にデフォルメしている。例えば「さる高貴なご一家」の上演の後登場した永六輔さんは、国歌とは何か、君が代とは何かといった自分なりの洞察を語った後で、それを考える素材として「君が代」を「星条旗よ永遠なれ」のメロディで歌うというパフォーマンスを行った。ところが『週刊新潮』は前後の説明を抜きにしてパフォーマンスのみを取り上げ、永さんが「君が代」を冒瀆《ぼうとく》したといったニュアンスで記事にしているのだ。

おそらく集会を直接取材していない『週刊新潮』には、「不敬」ぶりを強調して耳目を集めようという意図があったのだろうが、その後の展開はまさにその筋書き通りに進行したといってよいものだった。

## 記事を受けて右翼団体が一斉に抗議行動

『週刊新潮』12月7日号が発売されたのは11月30日だったが、『週刊金曜日』が対応を始めたのは発売前日からだった。

「もともと『週刊新潮』の取材が11月27日に入ったので同誌が記事にすることは知っていたのですが、せいぜい小さなコラムでの扱いと思っていた。ところが前日に出た車内吊り広告を見たら、大々的な特集だった。それを見てすぐに警備員を雇い、警備態勢を敷くことを決めました。

さらに発売日の朝には警察が飛んできました。あれを見れば誰もがテロの危険性に思いをはせるような扱いだったからです。こちらから要請したのではないけれど、警察はその後、独自にビルの前に張りつきました。放火でもされればビルの他のテナントが被害にあうからと考えたのでしょう」

そう語るのは、当時『週刊金曜日』編集長だった北村肇さんだ。

『週刊新潮』発売直後から案の定、抗議の電話はかかってきたのだが、その週は予想したほど多くはなかった。本格的な抗議行動が始まったのは週明けの12月4日からのことだった。

「4日の月曜日には電話は10件くらいでしたが、2つの右翼団体が抗議に訪れました。それからは連日、1~3団体が抗議に来ています。謝罪しろという要求は一緒ですが、文書を持ってくるところ、口頭での抗議だけのところなどまちまちでした」（北村さん）

右翼団体が20台の街宣車で『週刊金曜日』の入ったビルに押しかけたのは12月8日のことだった。太平洋戦争勃発の日で、右翼団体もそれに関連する集会に参加するために集まったものだったらしい。

編集部とは別に、当時発行人だった佐高信さんの事務所にやってきた団体もあった。やや変わったところでは、12月9・10日に予定されていた劇団「他言無用」の定期公演を中止に追い込むために、裁判所に仮処分申請を行った団体もあった。多くの右翼団体が勘違いしていたのは、その後の「他言無用」の公演も『週刊金曜日』主催であるかのように考え、中止要求を同誌に行うところが多かったことだ。『週刊金曜日』としても、11月19日の集会で「他言無用」が数ある持ちネタのうち何をやるかについては任せていたという。だから抗議に対しても、あくまでも主催者としての責任をどう考えるかという観点からの対応となった。

## 『週刊金曜日』の見解と劇団「他言無用」の三度の謝罪

同誌は対応について全社員で会議を開き、結局、12月12日、見解をとりまとめて右翼団体に文書を送ることになった。内容については、北村さんが取材に応じて話してくれた。

「右翼団体の抗議内容は、ひとつには皇族であれ一般の人であれ、自分の子や孫が猿のぬいぐるみにされたり、ひどい扱いを受けたら許せないだろう、これは人権侵害だというものでした。それから天皇の病気の話をああいう場で持ち出すのはプライバシー侵害にあたる。下ネタはあまりに下劣だ、というものでした。

彼らが強調していたのは、自分たちも言論・表現の自由は認めているし、天皇制批判の自由も理解している。しかし皇族をもの笑いにしたり、茶化したりするのは許せない、皇族には事実上反論権がないのだから、それに対する人権侵害は認められない。日頃、人権を守ろうと言っている雑誌がそんなことでよいのか、ということでした。

それに対して『週刊金曜日』の見解はこういうものです。自分たちはこれまでも天皇制の問題をやってきたし、タブーがあってはいけないと思っている。だから批判すべきところは今後も批判していく。但し人権の観点から見れば集会の一部に不適切なところがあったことは率直に認めざるをえない。天皇制を批判する時は、徒《いたずら》に揶揄《やゆ》したり人格攻撃をするのでなく正面から批判をしようというのが本誌の方針で、あの集会についてはその人権侵害的なところがあったことについては反省すべきと考えています」

右翼団体は『週刊金曜日』が白旗を掲げたと喧伝《けんでん》しているし、この対応にはいろいろな意見も出たが、同誌としても誌面への圧力といった事態とは異なるだけに、苦慮した面もあったようだ。

「『週刊金曜日』を応援してくれている人の中には今回の見解について、圧力を受けて腰が引けたと批判する人もいるかもしれないが、そういう誤解は説明して解いていきたい」という。

抗議は『週刊新潮』が名指しした他の出演者のもとにも押し寄せた。特に問題になったのは永六輔さんで、ラジオ出演などの行き帰りには特別の警護体制がとられることになった。永さんとしては堪え難かったが、やむをえないということになったようだ。抗議はどうも永さんが出演しているTBSや番組スポンサー企業にもあったらしいのだが、判然としない。

最も深刻だったのは言うまでもなく劇団「他言無用」だった。騒ぎが拡大した12月9・10日に定期公演を予定していたため、その中止を求めて右翼団体が抗議を展開することになった。

その公演でも当初は「さる高貴なご一家」を上演する予定だったのだが、直前になって他のネタに差し替えられた。一般の観客を入れて行われる公開のイベントであるため、テロが起こることを100%防止するのは不可能に近い。しかも、そういう雰囲気の中で敢えて「さる高貴なご一家」を上演しても、お笑いにならないという意見もあった。

苦慮した末に同劇団は12月8日、次のような文書をホームページに公開した。

《今般、一部週刊誌上に取り上げられました、日比谷公会堂で行われました某集会におきます「さる高貴なご一家」に関する寸劇上演で、皆さまに大変ご迷惑をおかけ致しました。この点を深くおわび申し上げ、公演におきまして『さる高貴なご一家』そのものを笑いの対象にすることは、今後慎みます》

代表的な寸劇を自ら「封印」することを約束した、苦渋に満ちた謝罪文だ。

前日にその謝罪文を公表したものの、9・10日の公演会場に街宣車で抗議に訪れた団体もあった。その時点でもうひとつ劇団が気にかけていたのは、15日に名古屋で予定されていた公演だった。わざわざ名古屋から公演中止を要求して上京してきた団体もあった。中には劇団を解散に追い込むまで抗議をやめない、と言っているところもあったという。

そうした動きを受け、劇団は11日に謝罪文を再度ホームページに公開した。

《先般11月19日に日比谷公会堂にて開催されました集会におきまして、天皇家を愚弄した寸劇を上演したと一部週刊誌で報じられ、みなさまよりご指摘をいただきました。

私どもは天皇家を尊敬申し上げております。天皇家にご不快をお与えいたしましたことは、まことに申し訳ございませんでした。

今後天皇家がご不快になられるような上演をしないことを、ここにお約束申し上げます。

また、ご皇族のお子様に見立てた人形をぞんざいに扱ったつもりは毛頭ありませんでしたが、そのように受け止められる寸劇とのご指摘を真摯に受け止めております》

一部の右翼団体と話し合いをして事態を収拾しても、次に新たな団体が抗議に訪れ、最初から話し合いを行うことになる。右翼団体の抗議を受けた時、最も神経をすり減らすのはそのことだ。「我々は了解したが、他の団体がどう出るかは関知しない」。そう言明する団体もあった。

そして12月13日、名古屋公演そのものが遂に中止となった。それに伴って三度目の謝罪文が公開された。

《今後、ご皇室を寸劇でパロディにしない由、堅く御約束申し上げます》

これまで権力を批判する風刺劇を中心にしてきた劇団だけに、断腸の思いだったに違いない。

## 『週刊新潮』が右翼を煽った前例

それにしても気になるのは、この事件において『週刊新潮』の果たした役割だ。右翼団体が動き、表現が封印される結果を招く可能性を同誌が予測できないはずはないから、12月7日号の記事は確信犯的に書かれたといってよい。

同様のケースはこれまでにもあった。１９８３年、河出書房新社の『文藝』に掲載された、実際にあった天皇暗殺計画をモデルにした小説『パルチザン伝説』について、『週刊新潮』がこれを大々的に問題にした（第2章参照）。そしてやはり右翼団体が動き出し、結局、予定されていた単行本は刊行中止に追い込まれたのだった。「皇室寸劇」の事態の推移を見ていると、パターンは全く同じである。

『週刊新潮』は、皇室記事をよく掲載する週刊誌である。そのことが原因で右翼団体の抗議を受けたこともある。そういう自らの言論機関の一環としての立場を同誌はどう考えているのだろうか。煽情的な記事を何度読み返しても、そんな思いを感じざるをえない。

# 第13章 渡辺文樹監督と『天皇伝説』

## 上映会に右翼と公安が押しかけるのが恒例に

この章では渡辺文樹監督について取り上げよう。皇室タブーといえば、この人を抜きに語ることはできないという伝説の映画監督だ。全国各地で行われる自主上映会には、上映を阻止しようという右翼と、警備にあたる公安警察が押しかけ、時には映画の観客よりも右翼や公安のほうが多いと言われることもある。そんな緊迫した状況が渡辺監督の上映会の風物詩となり、それを見るのが目的でやってくる客もいるほどだ。

『創』が渡辺監督についてしばしば取り上げてきたのは、彼のそういうスタイルが、巨大化したマスメディアが忘れ去った表現者の原点を思い起こさせてくれるからだ。渡辺監督は、自分が主役を務める映画を製作し、車に映写機を積んで、家族とともに全国を上映して回る。いわば極めて原初的な上映運動を展開しているのだ。

上映会場は各地の公民館などが多いのだが、切符のもぎりを行うのは監督の妻だ。上映が始まると、渡辺監督が自分で映写機を回す。上映直前に監督の口上があるのだが、「きょうはお集まりいただき

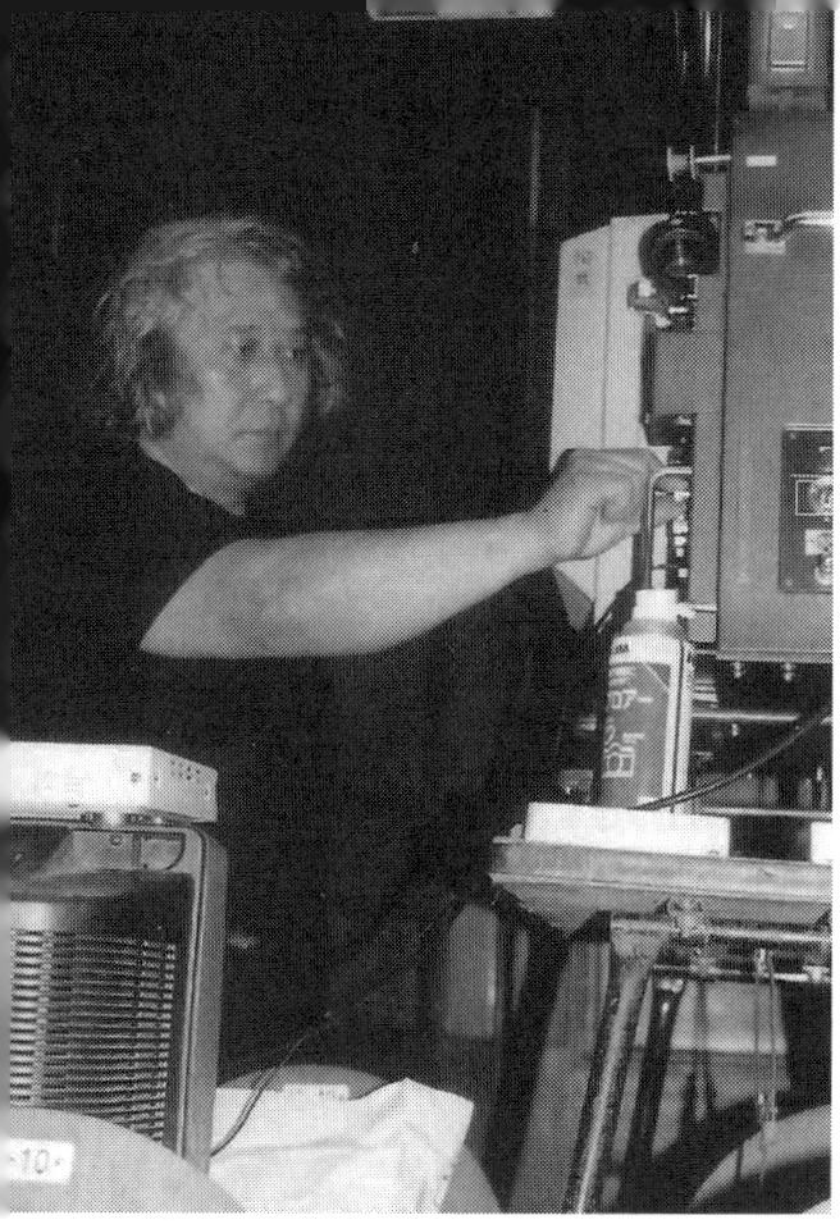

自ら映写機を回す渡辺文樹監督

ましてありがとうございます」で始まるスピーチは「万が一会場に塩酸などをまかれる事態が起きましたら、入場料はお返しします」と結ばれる。実際に会場に塩酸をまかれたら入場料どころの問題ではないのだが、ジョークであるこの口上も名物だ。

渡辺監督の上映会に右翼が押しかけるようになったのは1999年製作の映画『腹腹時計』がきっかけだと思う。1970年代に実際に計画された過激派による天皇お召列車爆破事件がモデルになった作品だが、第2章で紹介した小説『パルチザン伝説』がそうだったように、たとえフィクションであったとしても天皇爆殺などというテーマは、右翼にとって許されるものではない。

同作品の上映をめぐっては各地で右翼が押しかける事態となり、それが話題を呼んだ。上映会ごとに騒動になるというので公安も渡辺監督をマークするようになった。そういう経緯を経たうえで、渡辺監督が満を持して製作したのが2008年公開の『天皇伝説』だった。天皇制をめぐるタブーを暴くという触れ込みの映画だから、右翼との激突は必至で、公開前から渡辺監督が公安に逮捕されるという波乱の展開となった。

同作品の最初の公開予定は2008年5月。会場は横浜だったが、渡辺監督にとって不運だったのは、ちょうど横浜でサミットに先立つ国際会議が開催される予定で、警備態勢が強化された時期だった。そういう場所で右翼との騒動が起こることを公安は何とか避けようとしたのだろう。何と公開直前に渡辺監督は別件で逮捕され、2カ月も長期勾留されるという事件が起きた。

これまでも渡辺監督は、映画のポスターを街頭に貼っているところを軽犯罪法違反で逮捕されるなど、逮捕歴は数知れないのだが、これほどの長期勾留は初めてだった。横浜での『天皇伝説』お披露目の上映会は当然中止になった。

## 公開直前に公安により逮捕

『天皇伝説』公開を2週間後に控えた2008年5月14日、自宅のある福島市で渡辺監督は突如、逮捕され、そのまま石巻署にまで連行された。容疑は「詐欺罪」。同年1月に宿泊した施設の宿代を払わずに逃げたというものだった。しかし、監督に言わせると金がないので少し待ってほしいと連絡先も先方に伝えており、詐欺にはあたらない、しかも逮捕直後、滞納していた宿代は払ったという。

数万円の宿代の支払いをめぐって逮捕というのも異例だが、それ以上に驚いたのは、勾留が23日間の満期に及び、しかもようやく釈放かというその日に、別の宿代滞納で再逮捕という展開をたどったことだった。このやり方で3回逮捕され、2カ月余も監督は石巻署に勾留されたのだった。最終的には起訴されずに釈放されたのだが、何カ月か前の宿代滞納を公安はあらかじめ調べ上げて被害届も出させており、準備をしたうえでの逮捕だったことが後にわかる。

しかし、渡辺監督はそんなことでめげる人物ではなく、7月に釈放されたとたんに各地で上映のための会場使用を申請した。東京の豊島公会堂や仙台などで次々と使用を拒否され上映中止に至ったが、渡辺監督が上映会場貸与を拒否されるという事態はそれ以前からたびたび起きていた。

福島大学OB会といった名称で会場申請を行うのだが、その後、右翼がかぎつけて会場側に抗議したり、また会場側が調べて過去の騒動が知られたりして、公開前に会場使用中止を通告されるケースは何度もあった。公民館など公の施設の場合は、渡辺監督は「表現の自由」をたてに、使用中止は憲法違反だとして裁判所に仮処分を申請する。上映予定直前に裁判所の決定が出て、ぎりぎりで上映を行ったケースも少なくない。

渡辺監督が再び逮捕されたのは前の逮捕で釈放されてから2カ月後の2008年9月11日だった。無許可でポスターを街中に貼っていたのを、尾行してきた公安に見つけられたのだった。逮捕後、渡辺監督は検察庁で、自分の行動を公安が証拠撮影していたことを知らされた。

この日逮捕されたのには伏線があった。その前日、9月10日発売の『週刊新潮』が、「『不倫の子』『替え玉』天皇家のタブーに挑んだ　超過激映画『天皇伝説』」と題して渡辺監督を大々的に取り上げ、9月17日に渋谷区の代々木八幡区民会館で上映予定であると報じたのだった。このセンセーショナルな見出しが新聞広告や車内吊りに躍った様は実に異様で、右翼がこれを見て激昂しないわけがなかった。17日に右翼団体が大動員をかけるのは必至で、不測の事態を恐れた公安が監督を予防拘束したとしか思えなかった。逮捕当日、会場側から使用取り消しの通知が監督に届けられた。

『週刊新潮』が記事で煽って、右翼団体が動き出すというパターンは既に何度も紹介しているが、この時の話には興味深い後日談がある。右翼団体には上映予定の9月17日、動員がかかっていたのだが、当日上映は中止されており、行き場をなくした右翼団体は、何と新潮社へ向かったのだった。ああいう映画の内容を大々的に取り上げるのはそれ自体、不敬なことだ、というのである。

右翼団体は抗議文（質問状）を新潮社の総務に渡して引き上げたのだが、実はその日は校了明けの水曜日。『週刊新潮』編集部は休みで誰もいなかったのだが、自分たちが右翼に抗議されるという事態に、同誌も驚いたのではないだろうか。

## 大騒動となった『天皇伝説』横浜上映

9月11日の逮捕は、上映中止には至ったもののすぐに釈放され大事には至らず、『天皇伝説』は地方で次々と上映会が開かれた。例えば金沢市で行われた映画祭では、事前予告なしの抜き打ちでの覆面上映会が行われた。監督の地元・福島市でも小さな会場で上映が行われた。10月2日にいわき市で行われた上映会では右翼の街宣車4台が県外から駆けつけ、上映中にも右翼が場内に入るなど緊迫した事態となった。

右翼や公安との攻防戦の天王山は、10月14日の横浜市での上映会だった。首都圏での初の上映会だっただけでなく、横浜での上映は、最初に『天皇伝説』上映が監督逮捕で阻止されたことへのリベンジだった。例のごとく会場側から使用取り消しの通知が来るや、渡辺監督は裁判所に異議申し立て。

2008年10月14日、横浜市の上映会場周辺では右翼団体の街宣車が大音量で抗議行動

取り消しは不当だという決定が上映予定の4日前、10月10日金曜日に出された。連休をはさんだ休み明けが上映会当日の14日。つまり裁判所の決定は、それ以上は延ばせないぎりぎりの日程で出されたのだった。

その10日の横浜地裁の決定は、「管理者が正当な理由もないのにその利用を拒否するときは、憲法の保障する集会の自由ないし表現の自由の不当な制限につながるおそれがある」としたものだった。右翼の抗議行動などを会場側が指摘していたことを受けての判断だから、右翼の抗議にさらされることが会場拒否の正当な理由にはあたらないことを示したものといえた。管理者は行政だから、裁判所の命令を無視するわけにもいかなかった。

こうして10月14日の横浜市中区の開港記念会館での上映会が決行されたのだった。右翼が全国動員をかけ、機動隊も大量動員された。会場は横浜の大通りに面しているのだが、その道路を片側封鎖するなど開始前から周囲は緊迫した雰囲気に包まれた。『創』も現地取材のために、スタッフを数人派遣する態勢をとった。

実はその直前にも、あわやという局面があった。10月12日の日曜日、渡辺監督が街中にポスターを掲示していたところ、警察に見つかり、港北署に連れていかれて取り調べを受けたのだった。軽犯罪法違反容疑なのだが、9月に警視庁に逮捕されたのと同じパターンで、一時は監督自身、万事休すかと思ったという。ところが、今回は危うく逮捕の難を逃れ、書類送検だけなされたのだった。ここで逮捕されれば確実に横浜での上映は中止となったのだが、どうも上映をめぐる問題がマスコミで報道され注目を浴びていたため、神奈川県警は慎重に対処したらしい。こうして14日の上映は敢行されたのだった。

小雨まじりのその夜、私が現場に着いたのは上映1時間ほど前だったが、既に会場周辺は大騒動になっていた。機動隊が大量に配備され、右翼団体の街宣車は大音量で「不敬な映画を即刻中止しろお！」「国賊・渡辺文樹を叩き出せえ！」などと叫んで周囲を走り回っていた。会場となった会館は横浜市の中心街にあり、交通も多い場所なのだが、1車線を封鎖して警察の装甲車が会場に横付けになり、多くの制服警官が警備にあたる緊迫した状況だった。

会館に入ると受付前にも大勢の人だかりができ、緊迫した雰囲気だった。軍服姿の右翼もいる。カメラを向けた報道陣に抗議の右翼が食ってかかる一幕もあった。そうするうちに受付に顔を出した渡辺監督を右翼が20人ほど取り囲み、激しい罵声が交わされる事態となった。

そこへ割って入った男性がいたのでふと見ると、鈴木邦男さんだった。「映画を観もしないで中止しろというのはおかしいじゃないか」などと、鈴木さんは右翼をいさめるのだが、多勢に無勢だった。「この野郎、文化人面しやがって！」などと右翼が鈴木さんに食ってかかる。「お前なんかより渡辺のほうが体を張ってるじゃないか」と右翼に言われて、鈴木さんが「その通りかもしれないな」と苦笑する場面もあった。

会場には物々しい装備の機動隊が…

抗議する右翼の前にも堂々と姿をさらし、上映中も危険をかえりみず映写機を回す渡辺監督は、右翼側にも武闘派の印象を与えていた。上映中に誰かがナイフでも持ってきて刺してしまおうと思えば幾らでもできる状況だった。以前には、会場内に入った右翼と小競り合いになって、渡辺監督がパイプ椅子を使って応戦したこともあったという。

押しかけた右翼や機動隊は数え

きれないほどだったが、映画を観に会場に入った観客は70人ほどだった。30分遅れて始まった映画の前に、渡辺監督はいつものように「もし途中でスクリーンを切られたり、映写機に塩酸をかけられたりした場合は入場料はお返しします」と述べた。

渡辺監督は、観客に近いところでというのがモットーで、客席の後ろで自ら映写機を回す。いざという時のために、予備のスクリーンと映写機も用意している。客席の最前列はスクリーンを切られるのを防ぐため警備の人間が占め、外では街宣車の怒号が響くという緊張した中で、上映は行われた。

映画上映用の劇場でないため音声は聞き取りにくいし、街宣車の怒声も響くため、セリフがよく聞きとれない。上映の途中で、トイレに立つ客がいたりすると、もしやスクリーンでも切ろうとする右翼では…と周囲に緊張が走る。そんな雰囲気で映画を観るというのは、渡辺監督の映画でなければ体験できないことだろう。

## 使用中止決定には裁判所へ仮処分申請

その後も10月15・16・19日と横浜での上映は行われ、もう首都圏での上映は大丈夫と思われたのだが、あにはからんや、10月20日に予定されていた渋谷区での上映は、会場側が使用取り消しを通告するや裁判所に訴えたのだが、17日、何とその訴えを却下する決定が出された。

実はこの上映会場は、9月17日に上映中止となった代々木八幡区民会館だった。渡辺監督にとってはリベンジでもあったのだが、またしても中止になったのだった。理由は、もともと公民館などの施設はこういう興行そのものを許可していないことになっているというものだ。実はこの会場では、前年にも渡辺監督の作品一挙上映というイベントを行っており、会場側はおめこぼしをしていたようなのだが、今回はそうはいかなかったわけだ。渡辺監督は決定を不服とし、すぐに抗告したのだが、それも棄却された。渋谷については、幾つかの区民会館で上映申請がなされていたのだが、全て上映中止となった。

その後、渡辺監督は、杉並区勤労福祉センターや板橋区赤塚公会堂などに申請を行い、使用中止決定が出れば即座に裁判所に仮処分申請を起こすという攻防戦を展開したのだった。

上映会場を警備する警察の前で軍服姿の男性が演説

ちなみに『天皇伝説』の映画の内容についてだが、基本的にフィクションだ。渡辺監督が自ら扮する主人公が、敵側と追いつ追われつのアクションを繰り広げるのだが、その舞台装置のひとつとして、主人公の入手した秘密のテープが使われる。そこには天皇家の血の秘密が語られているという設定だ。

「上映阻止」を叫んでいる右翼陣営が怒っているのは、映画の内容もさることながら、渡辺監督が映画ポスターに書いた「不倫の子」といった表現についてだ。右翼に対しても「来るなら来い」と言っている渡辺監督だから、ポスターに右翼を挑発する文句を書いていたりする。極端な煽り文句を書いて客を集めるのは渡辺監督の話題作りの手法で、右翼の中には、それを知っていて「騒ぐのは渡辺の思うつぼだ」と言う人もいる。

渡辺監督はその後も、各地で映画上映を行い、上映会前日に公安が突然、宿泊先を急襲してポスターなどを押収し、上映会に圧力をかけるといった事態が繰り返された。渡辺監督のすごいところは、上映ポスターなどに告知している連絡先が自分の携帯電話であることだ。右翼が抗議の電話をしてきても受けて立つという意思表示をしているのだ。

## ロフトプラスワンであわや流血の激論

ちょうど『天皇伝説』上映で緊迫した状況が続いていた2008年10月30日、新宿ロフトプラスワンでの渡辺監督と鈴木邦男さんの『創』プレゼンツのトークイベントに右翼のグループが訪れ、あわや乱闘という事態に至ったこともあった。この時の様子は、鈴木さんの著書『新・言論の覚悟』にも収録されている。

当日は、第1部が田代まさしさんと吉田豪さんのトークで、休憩をはさんで『天皇伝説』の話になったのだが、田代さんのトークを目当てに来た客も、そのまま第2部まで残っていたからびっくりしたに違いない。休憩をはさんで客席に右翼らしいグループが入り、第2部は冒頭から怒声が飛び交う展開となった。途中で鈴木さんが「今日はこういうテーマだから、会場も含めて覚悟はできているはずだ」と言うと、会場は爆笑とともに「えー、聞いてないよー」という悲鳴にも似た声が起こるという状況だった。

そのロフトプラスワンでの議論の一部を再録しておこう。

**渡辺** 今日は右の人も来ているようですし、皆さんと話し合えるのを楽しみにして来ました。パフォーマンスはなしにして本音で話し合いたいね。

**会場** あんたに言うよ、そのセリフ。

**渡辺** 黙って聞け！ 話を聞くんだ（にらみつける）。

**会場** あんたに言われる筋合いはねーよ。

**渡辺** 体で勝負するならいつでも受けて立ちますけどね。

**鈴木** 挑発してますね（笑）。

《会場から次々と野次が飛ぶ》

**篠田** 今日は暴力はやめてください。議論しようっていう場を作ったらそれが暴力で潰れたなんてことになったら最悪だから。それは右・左関係ないことだよ。

**渡辺** 私は右翼のこともね、理論云々ではなく感性のところ、感性で物事を判断する能力は尊重しますよ。それにはやっぱり、命賭けてやんなきゃダメですよ。上映を潰したいならね、私が右翼だったら、スクリーン切り裂いて、映写機に殴りかかるよ。そういうのが実際はいないだろう。

《客席は、笑う者やどよめく者で騒然となる。「殺すぞテメエ」「挑発してんじゃねーよ」と、怒りをあらわにした声も》

**鈴木** そもそも右翼の人たちは渡辺監督の作品をひとつも観てないんでしょ？　僕は全部観てます。今回の映画については、思想的には僕は対立していますから、つまり天皇制は必要だと思いますから、渡辺監督とはスタンスが全然違う。ただ、どんな不愉快な意見でも、表現する自由は必要だと思います。「上映させるな」という運動も一つのやり方かもしれませんが、でもかえって国民の皆さんに観せた方がいいんじゃないですか？

**会場** 僕は、横浜の上映会場に着いたら、いきなり右翼の人に囲まれて「なんでこんな不敬な映画観るんだ、馬鹿野郎！」「お前は金のためなら何でもやるのか」なんてさんざん罵倒されましたよ（会場笑）。

**鈴木** この映画が天皇陛下を愚弄《ぐろう》する映画かそうじゃないか、どっちなんだよ。

**会場** ええ、愚弄してますよ。僕は渡辺監督というのは天皇制を否定する考えの人だと思います。僕はその点については妥協はしてません。天皇陛下によって我々は守られている。その素晴らしい日本を守りたいと、あなたも思ってるわけでしょ？　でも、どんな意見でも表現する自由はあるべきだし、対立する意見を力ずくで押し潰し、ものを言わせないというような形でしかそれを守れないんだったら、我々の意見なんてくだらないと僕は思います、違いますか？（会場拍手）

**会場** 天皇陛下はね、自ら渡辺を名誉毀損だとかで訴えられるような立場の人じゃないでしょう。いまの憲法では陛下は自分を守る術《すべ》がないのに対して、こういったいかがわしい映画でね、誹謗《ひぼう》中傷することがいいのか悪いのか。鈴木さん自身はどう考えてるの？

**鈴木**　どんな言論でも表現でも自由にすべきだと思ってます。その上で批判すべきだと思います。だからあなたの言うような批判も、どんどん言論の場に乗せて、そこで渡辺監督を叩き潰せばいいと思います。

## 街宣活動も「言論の自由」の範囲内？

**鈴木**　どんどん言ってください。多少のことがあっても構わないでしょう。会場の人たちも皆さん一人ひとりで自分の身を守ってください（会場爆笑、拍手）。こういうテーマで来たんだから。私も今日は覚悟をもって来ましたよ。渡辺監督も、右翼と機動隊に囲まれて襟首《えりくび》掴《つか》まれても、一人で闘ってました。偉いですよ。横浜で上映会をやったときに、私は右翼の人たちから糾弾されました。「お前みたいに右か左かもわからないでフラフラしてる奴よりは、渡辺のほうが数段しっかりしてる」って（会場笑、拍手）。

**篠田**　言論に関わる人間が渡辺監督に注目するのは、表現に命を賭けてるからですよ。今のメディアや言論人には、そういう覚悟がなさすぎると思う。

**鈴木**　まあ、こんな議論ができるのはロフトだけですよ。映画『靖国』のときだって右翼集めて上映会やりましたし、他のところじゃ怖がってやらないですよ。今日来ているみんなも、何かあっても構わないという覚悟で来てるでしょうし（会場爆笑とともに「えー」という声）。

**篠田**　それはみんな初めて聞いたんじゃない？（会場笑）
**会場**　聞いてないよー。
**鈴木**　いや、そういう場ですよ、ここは（会場爆笑）。
**会場**　単純なことを言わせてもらうとね、我々は陛下の赤子《せきし》だと思ってるんだよ。天皇陛下は父上であり、皇后陛下は母上なんですよ。悪口言われたら頭に来るのが当たり前じゃないですか。渡辺の言うことは、ちょっと精神がイカレてるんだろうと――。
《別の客席から「監督はちゃんと調べてるって言ってるよ」と発言を遮《さえぎ》る者もあり、騒然となる》
**渡辺**　天皇の赤子はいいけどね。私は秋篠宮のＤＮＡ鑑定もしたんだから――。
《会場から一斉に笑いや拍手が起こり、沸き立つ》
**鈴木**　そりゃ映画の話でしょ。
《騒然となり、会場の観客どうしで激しいやりとりが始まった。右翼の一人が怒り出し、他の客に向かおうとすると周りに緊張が走った。スタッフも止めに入ろうとする》
**鈴木**　ちょ、ちょっとやめなさいよ。右翼は怖いと思われるだけだよ。あなたも挑発しないで……。
（大声で）やるなら二人で外でやったら。
**会場**　そりゃまずいよー。
**鈴木**　あ、まずいか、すみません（会場笑）。言論でやって下さい。
**会場**　右翼の方からも言わせてもらいたいんだけど、街宣活動だって言論の自由・表現の自由の範囲内に当たるんだ。それを暴力的行為だと言われるのは心外だよ。

**鈴木**　でもね、一般の人から見ると、やっぱり怖いんですよね。

**会場**　怖いよ！

《また会場が騒然となる》

**鈴木**　いいんじゃない、少し騒いだって。

**篠田**　少し騒ぐくらいならいいけど、集会が潰れちゃうと困る。

**鈴木**　潰れたっていいじゃない（会場笑）。それだけの覚悟をもってロフトもやってるんだから。

途中で何度も一触即発の緊迫した場面が訪れるトークイベントだった。右翼の人たちが本気で潰そうと思って来ていたら無事に終了することはなかったと思われる。渡辺監督の迫力にも、隣で見ていて感心した。

断っておくが、渡辺監督は決して思想的な立場から天皇制を批判しているというわけではない。天皇を扱うと右翼が押しかけて騒動になることを織り込み済でエンタテイメントをやっているというのが正しい言い方だと思う。だから作品そのものについての評価は様々だ。ただ、文字通り体を張って表現活動を行っているという点では、貴重な存在だ。

# 第14章 『プリンセス・マサコ』出版中止事件

## 出版中止が発表された『プリンセス・マサコ』日本語版

オーストラリアのジャーナリスト、ベン・ヒルズさんが著わした『プリンセス・マサコ』の日本語版が2007年3月に講談社から出版予定だったのが、直前の2月16日に突如、出版中止が発表された。

英語版は既に2006年11月に出版されており、日本では『週刊朝日』が11月17日号、24日号と2週にわたって「衝撃の皇室本」と大々的に取り上げたため話題になっていた。宮内庁も同書の内容が気になったようで、検討を行っていたらしい。そして2007年2月12日に駐オーストラリア大使が、渡辺允《まこと》侍従長署名の書簡とともに、日本国政府を代表して書かれた抗議の書簡を著者とオーストラリアの出版社に渡して抗議を行った。同大使は、オーストラリア政府にも日本政府の「重大な懸念」を伝えたという。外国の出版社が刊行した本に対して外務省が正式に抗議すること自体が異例だが、その直後に講談社が日本語版の出版中止を発表したため、海外メディアなどは、出版中止は皇室タブーに触れたためかという報道を行った。ベン・ヒルズさんも、圧力によって出版が中止になったという印象を受けたようだ。

この章では、その事件について書いていこう。ただ、この話、実はなかなか複雑でややこしい。その後、日本語版は同年9月に、第2章の『パルチザン伝説』事件にも名前の出た第三書館から出版されるのだが、実はその前、一時は私が代表を務める創出版から日本語版を出そうという話が進行していた。『創』は07年5月号に「『プリンセス・マサコ』出版中止事件と皇室タブー」という記事を掲載した。執筆した浜名純さんがわざわざオーストラリアまで出かけて取材したのだが、それを機にベン・ヒルズさんとパイプができ、彼が来日した時には、都内の居酒屋で意気投合。日本語版をぜひ出しましょう、と握手をして別れたのだった。

ところが、契約を交わすためにオーストラリアに連絡すると、本人が海外取材中とかで留守のためエージェントが対応、正式な書面でのやりとりをという話になった。そして当方も海外とのやりとりに不慣れだったため、やたらに時間がかかってしまった。

そしてもうひとつ、懸案だったのは、なぜ講談社版が出版中止になったかに関わるのだが、もし出すとしたらどういう形で出すか考えなければならない編集上の問題があった。第三書館が早く出版できたのは、英語版の翻訳原稿をほぼそのまま刊行したからだった。

ヒルズさんはオーストラリアの有力紙の東京特派員の経験

2006年11月刊『プリンセス・マサコ』

を持つ、なかなか気骨あるジャーナリストだった。その著書が、海外で出版されているのに当の日本で出版されないというのは不幸なことだと思っていたから、私のところでなくても出版されたことは喜ばしいことだと思った。日本で出版記念の記者会見が行われた時、私も取材に赴き、ヒルズさんに挨拶した。彼は一瞬、私を見て気まずそうな表情をしたが、私は出版を喜んでいると伝えた。

『創』5月号の取材に講談社は矢吹俊吉学芸局長が応じ、政府の圧力で出版を中止したという見方を真っ向から否定した。では一体、なぜ出版は中止になってしまったのか。ここでは簡潔に経緯を書いておきたいと思う。そして、それを受ける形で、雅子妃をめぐる報道の問題についても触れていきたい。

## 著者と出版社の間に生じていた齟齬

2006年11月、オーストラリアのランダムハウス社から刊行された『プリンセス・マサコ』（原題「Princess Masako」）は「菊の玉座の囚人」という副題に見られるように、雅子妃が皇室に嫁いで以降、檻《おり》の中のような人生を強いられているという内容だった。

雅子妃が外務省のキャリアウーマンとして活躍していたのに、皇室に嫁いでから自由を奪われ適応障害になったというのは海外でも知られたことのようで、同書は悲劇の皇太子妃の物語として書かれたものだった。実際に2003年、雅子妃は帯状疱疹《たいじょうほうしん》を発症し公務を休むことになるのだが、04年には夫の皇太子が「雅子の人格を否定するような動きがあった」と発言して、大きな騒動になった。

その意味で『プリンセス・マサコ』の全体は間違っていないのだが、問題になったのは、細かい点においての誤解や確認不足、あるいはあくまで外国人から見た視点にすぎないものが強調されていたりしたことだった。例えば外務省の抗議文で、事実誤認であり対日蔑視として挙げられたのは、同書では着物を女性の従属の象徴として紹介しているという点だ。確かに多くの日本人からすれば、それは違うと言うだろう。ただこの本は、あくまでも外国人が日本人や皇室についてどう見ているかを書いたものと考えれば、政府として謝罪を要求するほどのことではないようにも思える。

でも宮内庁や政府は、ヒルズさんの率直な物言いともあいまって、同書を「日本国の象徴である天皇、更に国民に対する侮辱」と捉えたらしい。抗議文では「同書が出版されたことに対し厳重に抗議し、謝罪を要求するとともに、速やかに適切な措置を執るよう要求」したのだった。「適切な措置」とは、大幅な修正という意味にもとれるが、見ようによっては出版中止を要求しているようにも見えた。

2007年2月13日に外務省で行われた報道官による記者会見では、同書を「皇室に対する事実無根の侮辱的・中傷的な内容を有する極めて問題の多い書籍」と断罪した。どうやら、まもなく日本語版が出版されるのを牽制《けんせい》するために激しい抗議がなされたようだ。

実は、その抗議がなされる以前に、講談社も翻訳・校閲の過程で、誤解に基づく記述などが気になったようで、独自の事実確認や取材を行い、相当箇所の修正を著者に申し入れていた。海外で出版されるだけなら、あくまでも外国人の見た日本の皇室という説明ですむかもしれないが、日本で出版するとなるとそうもいかないと判断したのだろう。ヒルズさんが取材してコメントを掲載している対象者にも、ニュアンスが正確に伝わっているか再確認を行ったらしい。その結果、講談社から著者に修正を求めた箇所は、百数十カ所にものぼったという。

出版社の独自取材や校閲によって申し出た修正を著者が認めて書き換えるというのは、通常の書籍の場合でも珍しいことではない。ヒルズさんも講談社の修正要求には基本的に応じていたようだ。ただ出版社と著者が国境を隔てていたこともあって、どうも双方の意思疎通が十分でない部分もあったようだ。出版社から次々と申し出られた修正要求の中には、そんな細かいことまで直すのかと思える箇所もあったようで、どうもヒルズさんには、皇室タブーに怯《おび》えて出版社側が自己規制に陥っているのではないかという疑念も生じていたように思われる。

## 講談社の出版中止の理由とは…

前述したように2月16日に突如、講談社は出版中止を発表するのだが、その理由はこんなふうに説明された。

「弊社は日本語版の作成作業の過程で原書の事実誤認などについて修正してきました。外務省および宮内庁が原書について著者と原書出版社に対し事実誤認だと指摘した部分も既に修正済みでした。しかし、著者はマスコミ取材に対し『謝罪する必要は何もない』と答えました。そのような事実誤認に関する著者の姿勢を、弊社としては容認できるものではなく、著者との信頼関係を保つことができないと判断し、出版中止のやむなきに至りました」

宮内庁や外務省の抗議に対して、著者が「圧力には屈しない」といったふうな対応をするのを見て、「著者との信頼関係を保つことができない」と判断したのだという。『創』の取材に対して講談社の矢吹学芸局長は「今後もし問題が発生した場合に、共闘することはできないと判断したのです」と述べた。

ヒルズさんは元々、「菊の玉座の囚人」という副題に明らかなように、雅子妃を苦しい状況に追い込んだ宮内庁を始めとした日本の皇室のあり方を批判的に書こうとしたわけだから、宮内庁から事実誤認や偏見だと指摘されても、誤りは修正するが「謝罪する必要はない」というスタンスだったのだろう。そのあたりをめぐって出版社との間に次第に齟齬《そご》が生じていったと言えそうだ。講談社は出版中止の判断について、圧力によるものではないと一貫して言明していたが、ヒルズさんは『創』の取材に対して出版中止は「日本政府の圧力に屈した」と語った。

講談社という日本を代表する出版社から日本語版が出ることを著者も期待していたろうから、出版中止はヒルズさんにとっても残念なことだったろうと思う。そのうえで彼はどこか出版してくれる会社はないかと考えていたようだ。

私は全体の経緯から考えて、もちろん創出版から刊行するのは意義あることだと思ったが、内容面での不正確な記述などについては一つひとつ検討した方がよいと考えていた。実際、講談社は事実確認などに相当なエネルギーを費していた。

一方、第三書館は、講談社が要求した修正に対して、「検閲」に近い過剰なものと捉えたようで、原文通りに出すべきと考えたようだ。そしてその日本語版『プリンセス・マサコ』と同時に、原書と講談社の修正要求箇所を対照させた資料を『「プリンセス・マサコ」の真実』という書名で刊行した。著者はフリーライターの野田峯雄さんで、副題は「〝検閲〟された雅子妃情報の謎」とされていた。日本語版を刊行するとしたら、その出版中止事件の経緯を含めた解説的なものを詳しく付けるというのは私も考えていたことだったが、第三書館はそれを分冊にしたのだった。

以上が『プリンセス・マサコ』日本語版出版をめぐる経緯だ。今でもこの事件を、宮内庁や政府の圧力によって講談社が出版を中止したと捉える向きもある。恐らく実際はそう単純に言えるようなことではなかったと思うのだが、一連の経緯全体に皇室タブーが影を落としていないかと言えばそうでもない。前述したように外務省が外国の出版物に対して公式な抗議を行うこと自体、明らかに異様な印象は拭えない。そういう過剰な反応が、ことさら経緯全体に皇室タブーの影を感じさせる結果を生んで、議論を複雑にしたのではないかというのが率直な感想だ。

## 東京駅での罵声と雅子妃バッシング

さて、『プリンセス・マサコ』は「菊の玉座の囚人」と表現していたが、皇室に嫁いだ雅子妃とその後の適応障害をめぐる悲劇をどう見るかというのは、いわゆる雅子妃バッシング報道の評価に関わる事柄だ。２０１９年の代替わりによって新たに皇后という重い地位に就いた彼女は、それまでよりも積極的に表舞台に登場するようになり、生き生きとした姿を久々に見たと国民からも大きな期待を持たれているように見える。

雅子妃バッシングと言われてきた一連の経緯をどう捉え返すのかという検証はぜひなされるべきだが、本章でそれを全てやるのは無理なので、特徴的な事件を辿ることだけにとどめたいと思う。

雅子妃バッシング報道が一般市民にどんな感情をもたらしていたかを示す事例を一つ紹介しよう。『女性セブン』２０１３年４月18日号が「雅子さま愛子さま　東京駅改札口で凍りついた罵声」という記事を掲載した。同年３月26日、志賀高原へスキー旅行に出かけた皇太子一家が東京駅改札口を通ったところ、居合わせた60代の男性が突然、「仮病・さぼりの税金泥棒！　皇室から出ていけ！」と叫んだという。男はすぐに警察に取り押さえられたが、周囲は騒然となったらしい。さらにその事件に輪をかけたように、『女性自身』４月23日号によると、長野駅でも年配の女性が雅子妃に「被災地にも行きなさい！」と言ったという。

『女性セブン』2013年4月18日号

雅子妃にとっては相当ショックな出来事だったに違いない。雅子妃は適応障害によって公務を休む日々が続いていたのだが、週刊誌などはそれを批判的に取り上げ、雅子妃バッシングが続いていた。この事件は、明らかにそうしたバッシングの影響だろう。公務をずっと休みながら、家族でスキーに出かけているのはけしからんというわけだ。それにしても皇族にこういう声が浴びせられるというのは、異常というほかない。当時、週刊誌は、雅子妃が公務を欠席しながら娘との時間を大切にしていたという事例を批判的に報じていた。

「税金泥棒」という非難について言えば、雅子妃をめぐる宮内記者会の会見で記者からその言葉が飛んだこともあった。２０１１年９月22日の会見だ。『週刊新潮』同年10月６日号「東宮大夫『大荒れ会見』をすっぱ抜く！　雅子さま愛子さま校外学習に宮内記者が『税金泥棒』『異様な母子』」がその模様を詳しく報じていた。

問題となったのは９月14日から２泊３日で行われた、皇太子夫妻の娘が通う学習院初等科の山中湖校外学習への、雅子妃の付き添いだった。その頃、娘の愛子さんは不登校となり、雅子妃が同伴登校を行っていた。教室にまで入って娘を見守るということを続けていたのだった。

その延長で校外学習にも雅子妃が同行することになったようなのだが、警察が数十人動員されるという警備体制が組まれる異様な事態となった。学習院関係者の間でも疑問の声が上がったようで、週刊誌が一斉に批判的に報道した。９月22日の会見では、そのことが話題になり、記者たちから厳しい質問が相次いだ。その中でベテラン記者がこう質問したという。

「震災から半年、国民が大増税の時代を迎えようとしているその時期に、妃殿下は校外学習でインペリアルスイートに泊まられた。常識的に考えられない出費。『税金泥棒』との批判を受けるかもしれません」

この校外学習での一件は、多くの週刊誌が報じ、「山中湖事件」と呼ばれて、雅子妃への批判が高まることになった。

確かに、大規模な警備体制まで敷いて校外学習に付き添うというのはやりすぎのそしりは免れないだろう。ただ、この当時、雅子妃が世間の反発を押し切ってまで娘に寄り添おうとしたのは、彼女の母親としての執念によるものだと思う。

一時期、愛子さんには不登校などの行動が見られたのだが、適応障害の母親と生活していることが何らかの影響を及ぼしているのではないかという指摘もなされていた。恐らく雅子妃にしてみれば、母親の責任として何としてでも娘が登校できるようにしないといけないという強固な意思が働いたのだろう。なりふりかまわず母親としての責務を重んじたそのことが、彼女が皇族であるゆえに問題になったのだが、そのあたりは、雅子妃自身の気持ちを聞く機会が全くないため真相はわからない。

でも現実には、週刊誌は、病気だと言って公務を休んでいるのに、家族のためならここまでやるという事例を事あるごとに問題にして、批判的な報道を繰り広げた。

## 雅子妃バッシングに医師団から強い抗議

そうした報道に東宮医師団が反論したのが、２０１１年12月9日の雅子妃48歳の誕生日前日に発表された「見解」だった。

《最近、週刊誌を中心として、ご病気に苦しまれながらもさまざまなご活動に懸命に取り組んでいらっしゃる妃殿下のご努力を否定するかのような、悪意ともとれる誤った情報に基づく報道が、関係者とされる人物の引用を含めてなされていること、そしてそのことに対して妃殿下が心を痛めていらっしゃることへの強い懸念を表明いたします。》

《このような心ない報道が平然と繰り返されている現状に、東宮医師団は専門家として憤りを覚えるものであり、この状況が改善されない限り順調なご快復は望めないと考えております。》

こうした雅子妃と娘の家族としてのあり方をどう見るかという問題は、ここで少ない紙幅で論じることはできない。ただ、こうしたバッシング報道が影響して、皇太子夫妻は皇室の伝統よりも家族という私的なものを優先しているのではないかという批判的空気を醸《かも》し出すことになっていったのは間違いないだろう。公務より家族を重んじる妻と、それを認めている夫という皇太子夫妻への批判が、保守内部からも囁かれるようになった。

それが例えばどういう事態を生んでいたかという例を、次章で紹介することにしよう。

# 第15章 『W・iLL』侵入事件と右派の対立

## 『WiLL』侵入男性が公安部に現行犯逮捕

事件が起きたのは2016年5月4日午後10時45分頃だった。大日本愛国団体連合時局対策協議会理事の男性が、右派月刊誌『WiLL』を発行する出版社ワックの入り口のガラスを割って鍵を壊し、室内に侵入。ドア手前に大量の黒いペンキをまき、室内に消火器を噴射した。そして糾弾の文書を数枚、室内にまいた後で、男性は自ら110番通報、駆け付けた警視庁公安部に建造物侵入の疑いで現行犯逮捕された。

関係者に詳しい話を聞くと、こういう状況だったらしい。

「その日は、夜10時半頃まで『WiLL』編集部員が仕事をしており、鍵をかけて退社しました。その直後に侵入しているので、社員が帰るのを待っていたようです。実は事件の2日前から会社周辺の電柱や掲示板に糾弾のステッカーが貼られていました。

事件当日、編集部内にまかれたのはB4の抗議文ですが、西尾幹二さんの自宅にもA3の文書が投げ込まれていました。事件があったことを知らされて鈴木隆一社長が会社に駆け付けたのは11時過ぎでしたが、もう犯人は逮捕され、警察が来ていました。室内に消火器の微粉末が立ち込めていたそうです。パソコン6台は交換を余儀なくされました」

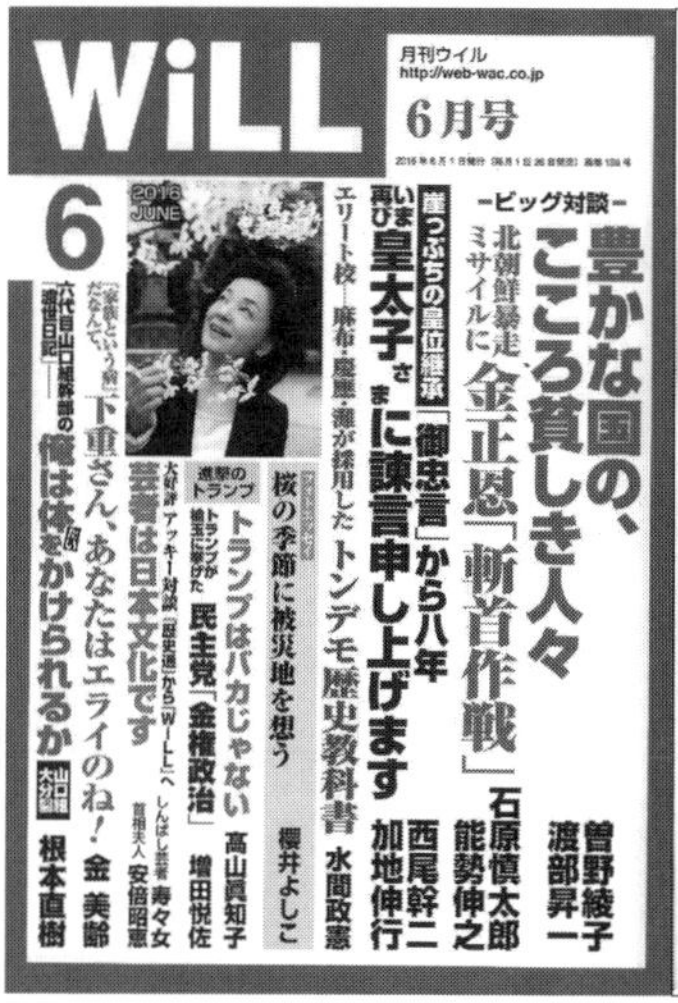

総力大特集　崖っぷちの皇位継承

# いま再び皇太子さまに諫言《かんげん》申し上げます

皇室に対する国民感情はもはや無関心から軽蔑に変わっているのでは？

加地伸行　大阪大学名誉教授（中国文学）
西尾幹二　電気通信大学名誉教授（ドイツ文学）
撮影　浅岡敬史

## 皇后のご覚悟

――雅子妃について相変わらず深刻な情報が相次いでいます。ご公務欠席の多い状況を心配する皇后陛下が昨年末の天皇誕生日の夜、宮中での食事の後に雅子妃を別室に呼び込まれる形で、「本当の病と、自分が病と思っているものは違う」「小和田家と皇室というのは文化が違う」ということをお説きになったといいます。（『週刊文春』平成二十八年一月二十一日号）。ここからは皇后陛下のなみならぬご覚悟がみてとれます。この記事について宮内庁は抗議したそうですが、スクープ続きの有力週刊誌の記事だけに「ウソ」と断じることもできないでしょう。メディアが週刊誌以外にまともに取り上げていないくせに、週刊誌の記事だからいい加減だと頭から決めかかるのは大間違いです。

さらに同誌四月十四日号では、雅

WiLL・2016年6月号 ● 34

『WiLL』2016年6月号と問題になった対談記事

編集部内にまかれた抗議文はマスコミでも報道されているが、「不敬極まりないお前らは恥を知れ！」として、3つの要求が書かれていた。1つ目は対談記事の謝罪と撤回、関係者の引退。2つ目は五大新聞に謝罪広告を掲載すること。そして3つ目は『ＷｉＬＬ』の廃刊、だった。こちらは事件を起こす前にサインペンで書いたものという印象だが、西尾さんの自宅に投げ込まれた文書は毛筆体で、ある程度準備されたものだった。

抗議の対象となったのは『ＷｉＬＬ』6月号に掲載された「いま再び皇太子さまに諫言《かんげん》申し上げます」と題する対談記事だった。ちなみにこの号で同誌は「総力大特集　崖っぷちの皇位継承」という特集を掲げていた。

対談の出席者は、加地伸行・大阪大学名誉教授と西尾幹二・電気通信大学名誉教授だった。西尾さんは『ＷｉＬＬ』2008年5月号でも「皇太子さまに敢えて御忠告申し上げます」という論考を発表し、話題になっていた。

## 抗議の対象となった二人の対談内容は

西尾さんの主張は、言い方が直截《ちょくさい》なので目立つのだが、右派陣営では似たような主張が少なくない。雅子妃の病気もあって皇太子一家は家族第一主義になっており、皇室の伝統をないがしろにしている、というものだ。『週刊新潮』など右派週刊誌の雅子妃バッシングと言われる一連の記事も、そうした観点からなされていた。

『WiLL』6月号の対談での二人の発言を紹介しよう。まずは西尾さんの発言だ。

《雅子妃の病状は多少の改善があるという話もありますが、十二年ぶりに出席された園遊会（平成二十七年十一月）でも、おいでにはなったが、そこにいらっしゃったのは四分間だけ。陛下が「しばらくみなさんとご一緒に……」とおっしゃったにもかかわらず退席されました。たしかにうつ病は回復が難しい。治っているようで、治っていないことも多いと聞きます。ご病気だからという同情の声ももちろんありますが、妃殿下は公人で、ご病気はご自身を傷つけていますが、皇室制度そのものをも傷つけていることを見落としてはなりません》

《殿下は妻の病状に寄り添うように生きてこられて、国家や国民のことは二次的であった。皇位継承後もこうであったら、これはただごとではありません。

東日本大震災の被災地に行っても被災民を気遣うより、雅子妃に配慮した発言が多くなっています。

「雅子がよくやってくれた」というようなお言葉を必ず付け加える。妃殿下が被災地の見舞いに特別によくやられたように国民の目にはまったく見えないのに、こういうお言葉が出るたびに、皇太子殿下は自らを軽くし、自らの尊厳を傷つけています。》

加地さんは具体的にこういう提案も行っている。

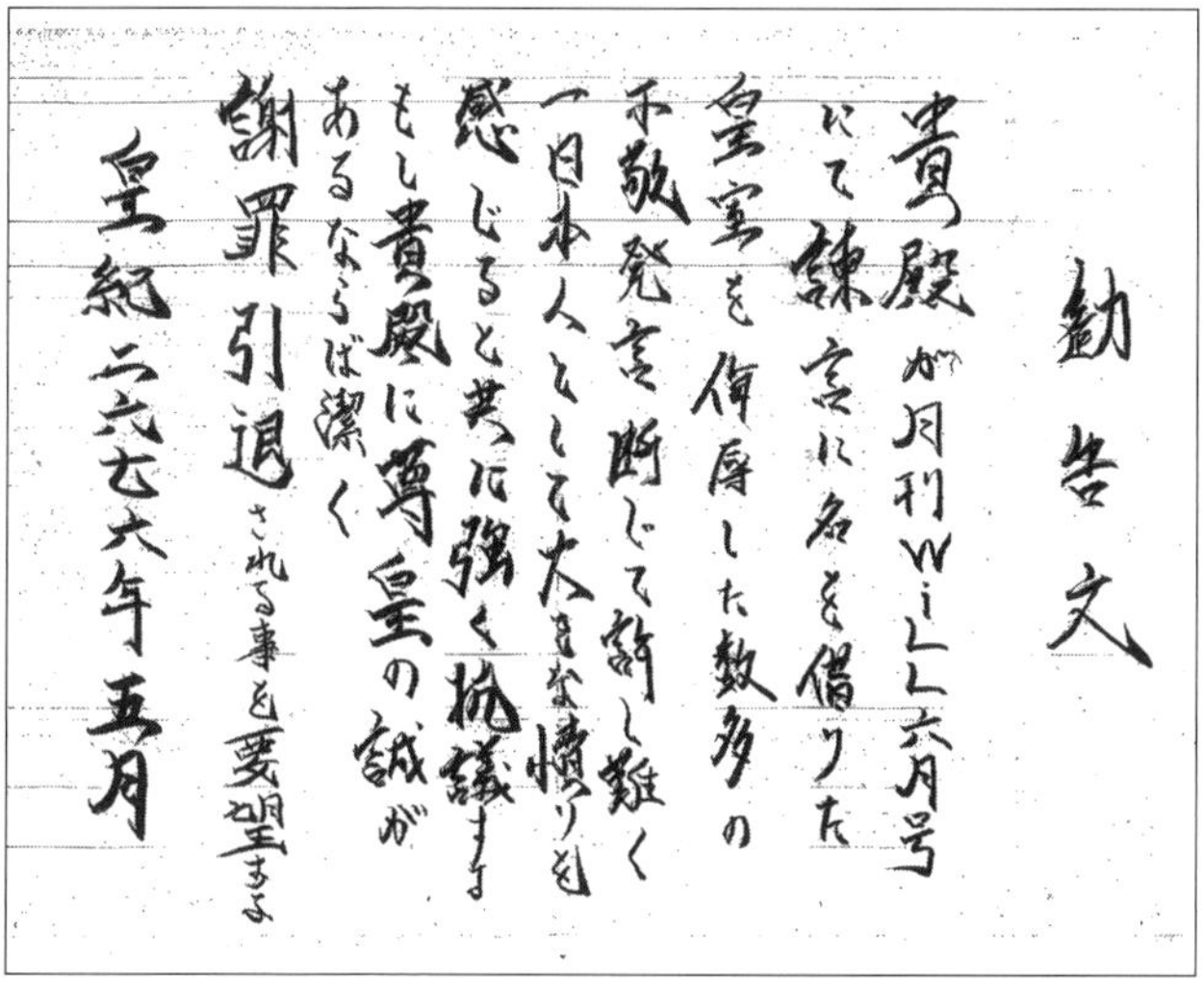
勧告文

貴殿が月刊WiLL六月号
にて諫言に名を借りた
皇室を侮辱した数多の
不敬発言断じて許し難く
一日本人として大きな憤りを
感じると共に強く抗議する
もし貴殿に尊皇の誠が
あるならば潔く
謝罪引退される事を要望する
皇紀二六七六年五月

西尾幹二さんの自宅に投げ込まれた毛筆体の勧告文

「私の考えでは、皇太子殿下は摂政《せっしょう》におなりになって、国事行為の大半をなされればいい。ただし、皇太子はやめるということです。皇太子には現秋篠宮殿下がおなりになればよいと思います」

この主張も初めて聞く人はぎょっとするかもしれないが、右派論壇ではこれまでも披露されてきた。

したがって、なぜ『ＷｉＬＬ』の対談記事が、右翼の襲撃という事態にまで至ったのか唐突感は否めないのだが、編集部によると、この記事はいろいろな波紋を引き起こしたらしい。7月号の編集後記で立林昭彦編集長が、こう書いている。

《もう一つは「皇太子さまへの諫言」（西尾幹二氏と加地伸行氏との対談）についてです。こちらも賛否はもとより、実に多岐にわたるご意見を賜りました。有難うございます。

なお、標題の一部「諫言」が少々きついのではないかとのご指摘もいただきました。承りました。》

そして同誌は、編集部に寄せられた意見のひとつとして「前号『皇太子さまへの諫言』加地・西尾両氏への疑問」と題する所功・モラロジー研究所教授の論考を掲載している。ただその主張は、前号の対談が正確でない情報に基づいているとして、事実関係を指摘したものだ。

## 右翼の間でも様々な受け止め方

『WiLL』侵入事件については、右翼の間でもいろいろな議論が起きている。まず当然のことだが、大日本愛国団体連合時局対策協議会は、支持の声明を出した。

「この度、時局対策協議会同志・松田晃平理事が、皇室の尊厳を貶める記事を掲載したワック株式会社に対し、直接行動を行なひ、目的を完遂しました」（以下略。原文は旧字だが、大半を通常の漢字表記に変えた）

編集部にまかれた抗議文は、団体名でなく松田晃平という個人名が書かれ、自宅住所らしきものが書かれていた。団体としての行動でなく、個人でやったという意思表示なのだろうが、団体が支持声明を出したことでそれを追認した形だ。また右翼の間でも、この行動を「義挙」と評価するコメントが出されたりしている。

一方で、それに反発する右翼もいる。ブログに《月刊誌『WiLL』と松田晃平君の「義挙」》と題する一文をアップしたのは「主権回復を目指す会」の西村修平さんだ。２００４年に、本宮ひろ志さんの『ヤングジャンプ』の連載「国が燃える」の南京虐殺事件についての描き方に抗議し、連載中止を求めて集英社に激しく抗議したり、映画『ザ・コーヴ』上映中止騒動の時は在特会（在日特権を許さない市民連合）とともに映画館などに街宣抗議を行った人物だ。ちなみに西村さんはその後、在特会と決裂し、脱原発運動では鈴木邦男さんらと共闘したりしている。

その西村さんが、『WiLL』に抗議を行った男性は高校時代からよく知っている人物だとして、こう書いている。

《共に抗議活動を戦ってきた松田晃平君が、月刊誌『WiLL』の皇室問題の対談に「内容が不敬」だとして事務所内の床をペンキで汚し、消火器を噴射した廉《かど》により住居不法侵入などで逮捕された。このアクションがネット保守などから、「義挙」などと頻りに持ち上げられているが不可解というより、状況を客観視できない知の劣化を感じてならない。

【義憤を表現できない未熟】松田君の抗議文なるものも見たが、抗議の対象となる皇室に対する「不敬」の問題が具体的にも論理的にも全く展開されていない。つまり、抗議文の体を為していない》

《本人は接見禁止がつけられているので面会もままならないが、行為と結果の落差を今一度冷静に客観視して貰いたい。ましてや今回の抗議を、「愛国運動の鏡」などともてはやす連中を見受けるが、立ちションベンの類を「義挙」ともてはやす胡散臭《うさん》さに知の劣化を垣間見るだけである。松田君とは彼の高校時代からの付き合い故、敢えて苦言を呈するのであって、結果の割に合わない自暴自棄の行為が残念でならない。今回の行動を「義挙」などともてはやされ、舞い上がるなど自戒に自戒を心

月刊『Hanada』創刊号

し、経験から教訓を導き出すよう願って止まない。》

皇太子一家と皇室のあり方をめぐって、これまでも右派ないし右翼内部で様々な議論がなされてきたが、『ＷｉＬＬ』侵入のような行動がなされたのは恐らく初めてだ。昔は皇室問題をめぐる右翼の襲撃といえば、相手は天皇制を否定する左派と決まっていたのだが、近年は右派内部の対立が目立つ。特に在特会などネット右翼が勢力を伸長させてからは、既成右翼との間で激しい対立が目立つようになった。

## 近年目につく右派陣営の内部対立

『ＷｉＬＬ』の事件は、既成右翼とネット右翼の対立という構図とは違うのだが、皇室をめぐる右派内部の意見の違いが暴力的対立にまで至ったものとして異例といってよいだろう。右派同士が今のように争うようになったのは、左派が影響力を失ってしまったからだという意見もあるが、右翼内部の対立がここまでエスカレートしたわけだ。

ちなみに右派同士の対立といえば、この事件が起こる前、『ＷｉＬＬ』では花田紀凱編集長とワックの鈴木隆一社長の対立から、常務取締役だった花田さんが3月18日付で解任されるという事件が起きていた。結果的に花田編集長以下編集部全員がワックを退社。飛鳥新社から新雑誌を発行することになった。

こうして創刊されたのが月刊『Ｈａｎａｄａ』である。『ＷｉＬＬ』の外部執筆陣には、『Ｈａｎａｄａ』へ連載を移した人もいたし、その後両誌に登場する人もいた。

当初は、今まで『ＷｉＬＬ』が占めていた右派雑誌市場は２誌が共存するほどの大きなものなのかと疑問が持たれたが、結果的にその後２誌体制が続くことになった。日本の思想・言論の座標軸が大きく右へずれており、新たな右派市場が拡大しつつあることを、この分裂劇は示していたと言える。

# 第16章 封印されたピンク映画

## 新聞広告が異例の黒塗りで話題に

２０１８年３月に『週刊新潮』の新聞広告が黒塗りになった事件が、業界で話題になった。

週刊誌の広告の一部が黒塗りになること自体は珍しいことではない。新聞側がそのままでは載せられないと判断し、かつ広告全体を作り替えている時間的余裕がない場合に、新聞側の判断で特定の表現を黒塗りにする措置だ。近年では主に性表現が問題になるケースが多い。「女性器」とか「巨乳」といった見出しの一部が、その言葉だけ黒塗りになるのだ。

しかしこの3月の黒塗りは、塗りつぶされた部分が大きく、広告として意味をなさないような異様なものとなったため話題になった。こういう異様なことが起こるのは、大体、皇室絡みであることが多い。つまり皇室に関する表現は、いまだに他のケースと異なる扱いを受けるタブーなのである。

実際、その広告がどんなに異様だったかは「百聞は一見に如かず」。左の写真を見ていただきたい。問題になったのは『週刊新潮』３月8日号の「『昭和天皇』のピンク映画」という見出しだったが、新聞社によって判断が分かれ、黒塗りせずにそのまま掲載したところもあった。黒塗りになったのは、

大きく黒塗りされた読売や朝日の新聞広告

産経や東京は黒塗りなしで掲載

大見出しの中の「昭和天皇」の文字、そしてそこに掲げられた昭和天皇の写真だった。

興味深いのは、在京紙でも朝日・読売・毎日・日経が黒塗りにしたのに産経と東京はそのまま掲載というように新聞によって大きく判断が分かれたことだ。『週刊新潮』側は、広告掲載がどうなったか調査したようで、翌3月15日号に「本誌広告を黒く塗り潰した大新聞の『表現の不自由』」という記事を掲載。黒塗りした新聞を「過剰な自主規制」と批判した。その記事には、黒塗りに至るまでの経緯がこう書かれていた。

《広告代理店から、〝今週号の週刊新潮の広告中、『「昭和天皇」のピンク映画』という部分の表現が、複数の新聞社の審査に通らない〟との連絡が寄せられたのは発売前日。各紙からの指摘は大要、「皇室の尊厳を損なう表現ではないか」といったものだった。無論、本誌が、「記事・広告表現は妥当なものと考えており、文言の修正には応じられない」との姿勢を崩すことはなく、結果、広

告の文字と写真が黒塗りにされてしまったのである。》

同誌は、在京紙以外も含めてどの新聞が黒塗りにしたか調査したらしい。その結果がこう書かれている。

《興味深いのは、新聞社によって判断が分かれたことである。昭和天皇の4文字と写真を黒塗りにしたのは、先の4紙に加え、西日本新聞、静岡新聞、京都新聞、四国新聞など。一方、一切の修整なしで広告を掲載したのは、産経新聞、東京新聞、中日新聞、河北新報、神戸新聞、福島民報、北陸中日新聞、新潟日報、南日本新聞などだった。安倍政権や原発についての主張が真逆の産経新聞と東京新聞が仲良く「掲載組」に入ったのは、注目に値する事実とはいえまいか。ちなみに、本誌発売翌日に広告が掲載される地方紙もあり、その〝タイムラグ〟を利用して判断を変えたケースも。東奥日報、大分合同新聞、北國新聞、熊本日日新聞は発売前日にはオーケーだったものの、最終的にはNGと判断。愛媛新聞と山陽新聞は、「全国紙の対応を見たい」とした上で、結局、黒塗りにした。》

## 大蔵映画の本社と劇場、さらには映倫にまで街宣が

さて、以上が業界で大きな話題になった『週刊新潮』黒塗り事件の概要だ。この事件がそれ以上に話題にならなかったのは、そもそも同誌が記事で「不敬映画」と批判したピンク映画が、自主規制によって公開中止になってしまい、どういう映画のどういう表現が問題になったのか誰も具体的にわからなかったからだ。

しかし、現実に何が起きていたかというと、『週刊新潮』が記事にしたことがきっかけで、映画会社や公開予定だった劇場、さらには映倫にまで右翼団体の激しい街宣行動が行われていたのだった。問題となった映画の監督ら当事者は仕事を干されたばかりか、過去の作品まで封印されるといった措置がとられるという、いささか深刻な事態にも至っていた。

映画業界のあり方としては深刻な事態なのだが、それが大きな問題にならないのは、作品が大蔵映画といういささかマイナーなピンク映画だったからだろう。『週刊新潮』や右翼団体が問題にしたポイント自体が、昭和天皇をピンク映画で扱うとは何事かという点だったのだが、皇室タブーとピンク映画という、これまであまり例がなかった事例だけに、映画業界も対応しかねていたのが実情だ。

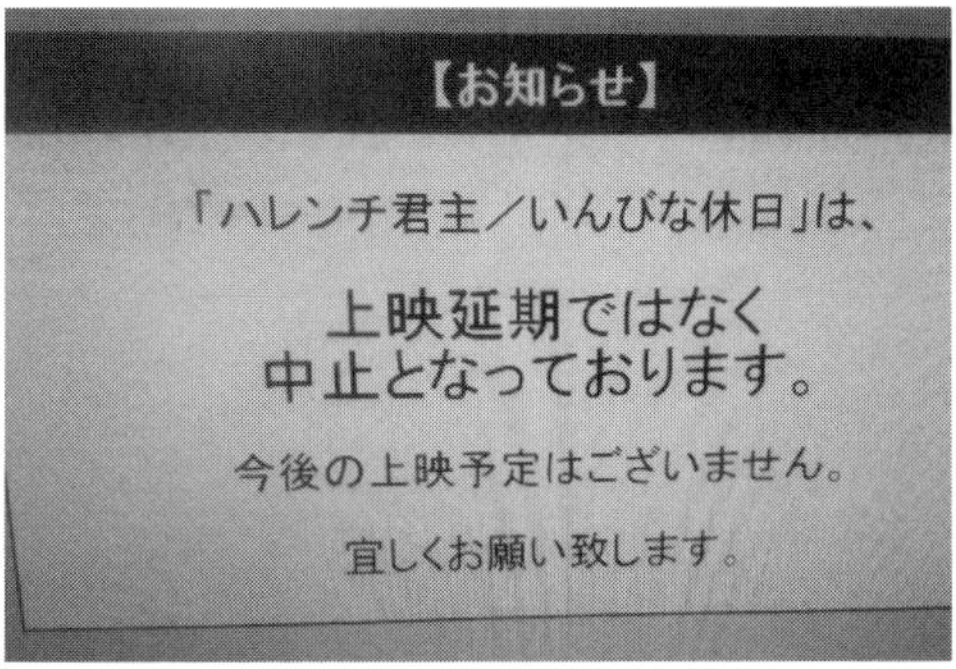
【お知らせ】
「ハレンチ君主／いんびな休日」は、
上映延期ではなく
中止となっております。
今後の上映予定はございません。
宜しくお願い致します。
上映中止の告知画面

そうした事情の一端がその後、少しだけ関係者に知られるようになったのは、当の作品を作った荒木太郎監督が弁護士を立てて、7月30日付で新潮社に申し入れを行ったからだ。同時に監督は親しい関係者に「週刊新潮への抗議」に賛同してくれることを呼び掛けた。「通知書」と題して新潮社に送られた文書には3つのポイントが書かれていた。

第1に、『週刊新潮』3月8日号の記事では、公開していない映画の脚本の一部が引用されるなどしており、これは著作者人格権を侵害するものだという主張だ。

第2に、記事には事実誤認があるという主張。記事では監督が映画会社の意向を無視して映画を制作したかのように書かれているが、それは事実と違うという。しかも記事中に監督のコメントが書かれているが、実際には同誌の取材申し込みに一切対応はしていないという指摘だ。

そして第3に指摘しているのは、同誌の記事が「表現の自由を萎縮させる意図があること」だった。『週刊新潮』が「不敬」だとセンセーショナルに記事にしたのをきっかけに右翼団体が行動を起こし、その結果、出版や映画が中止になってしまう事例はこれまで幾つもあった。有名なのは2008年、中国人監督によるドキュメンタリー映画『靖国』が同様の一時上映中止になった事例だが、「通知書」はそれを例に挙げて、今回の『週刊新潮』の報道を批判していた。

「通知書」ではこういう指摘もなされていた。

《実際に通知人については、本件記事が掲載された週刊新潮3月8日号が発売された後、インターネットに「ぶっ殺す」「住所をつきとめてやる」等との書き込みがなされており、通知人の生命身体に危険が生じています》

この「通知書」に対して『週刊新潮』は個々の質問には回答せず、大蔵満彦社長に取材をしているので記事は正当だったという主張をしたようだ。

実際の大蔵社長への取材がどういうものだったか補足しておくと、『週刊新潮』は記事の締切時期に社長を自宅で直撃していた。社長はその時点で、その映画の存在そのものを把握しておらず、その場から劇場の支配人に電話をかけた。そして同誌の取材に対してこうコメントしていた。《映倫の審査は普通に通っていたのですが、劇場支配人が〝これはマズイだろう〟と自分の判断で延期にした。監督も了承しており〝申し訳なかった〟と謝罪しているそうです。》

ただ監督が問題にしたのは、その記事の中で《荒木監督にも取材を申し込んだところ、「現時点で自分のほうからは話すことはありません」と言うのみだった》という記述がなされていたことだ。実際には同誌の取材に対して監督はいっさい応じていないという。

実際はどうだったのか。映画が公開延期、さらには上映中止といたる過程で、どんなことがあったのか。ここで明らかにできる範囲で事実経過をたどってみることにしよう。

## 「観ないで中止要求はおかしい」への反論

実は『週刊新潮』の記事の一番の問題点は、最後をこうしめくくっていたことだった。《この「問題映画」は、現段階ではあくまで公開「延期」であり、「中止」ではない。このままお蔵入りとなるのか、それとも——》

記事中で「民族派右翼の重鎮」として「こういう映画を作ること自体、許されざることだと思います」というコメントが紹介されている蜷川正大《にながわ》さんは、私とも以前からの知り合いだ。

電話で話を聞いたところ、「名誉を毀損《きそん》されても皇族の方には反論するすべがない」ことと同時に、「放置しておくと上映がなされる可能性があった」ことを指摘した。つまり『週刊新潮』の記事の末尾が前述のようになっていたのを読めば、右翼団体としては動かざるをえなかったというわけだ。『創』では、皇室報道をめぐる事件については積極的に誌面に取り上げてきた。その過程で民族派の人たちにも話を聞くことは多かった。蜷川さんも、映画『靖国』の事例など過去の経緯は知っているし、その時に鈴木邦男さんらが「映画を観もしないで上映中止を叫ぶのはおかしい」と主張してきたことも知っている。

そういう経緯もあってか、『週刊新潮』の取材を受けた後、蜷川さんは自身のブログにこう書いていた。

《二月二十八日（水）

昨日のことだが、『週刊新潮』から電話取材があった。何やら、とても不敬（ふけい――皇室や寺社に対して、敬意を失すること）な映画が製作されたと言うもので、コメントを求められた。ストーリーの一部を読んで頂いたが、とても口に出来るような内容のものではない。（詳しくは、現在発売中の『週刊新潮』の特集記事を読んでみて下さい）映画を見たわけではないので、記者にストーリーを要約して話して頂いたが、とんでもない内容のものであった。大体このような映画を良く「映倫」は通したものだ。そんな「映倫」にも責任の一端はあるだろう。

こういうことで抗議をすると、決まって「表現の自由」とか「見ていないのに批判するのはおかしい」とか言う輩が必ずいる。「表現の自由」の「自由」とは、「何をやっても構わない」という「自由」とは違う。そこには、人としての倫理観やある程度の制約も必要であると思う。こんな映画を作るのが「表現の自由」と言うのならば、その映画に反対し、行動を起こすことも「表現の自由」としなければならない。

三年前に起きた、フランスの風刺週刊誌「シャルリー・エブド襲撃事件」がふと浮かんだ。イスラム過激派を風刺した絵を掲載した、その週刊誌の本社に覆面をした複数の武装した犯人が襲撃し、警官二人や編集長、風刺漫画の担当者やコラム執筆者ら合わせて、十二人を殺害した事件は報道と表現の自由をめぐる議論が起こった。無差別のテロ行為は支持できないが、自分の信じるもの、あるいは尊敬し愛する人の尊厳を守ろうとして命を賭ける人と言うのは、日本に限らず世界中に存在する。正確ではないかもしれないが、「テロも民主主義の健全な表現方法」と言ったのは、確か三島由紀夫だったと思う。

映画の提供は、大蔵映画㈱で、作ったのは、荒木太郎という男とか…。

「見ていないくせに」と言う人がいるかもしれない。しかし、この饅頭に毒が入っていると知って、わざわざ食べるのはただの馬鹿。》

## 問題の映画はどんな内容だったのか

さてここで、問題となった映画がどういうものだったか、少し説明せねばならないだろう。

タイトルは『ハレンチ君主　いんびな休日』。2018年2月16日から22日まで公開予定だった。荒木太郎監督自身が出演もしている。ネットでは「ピンク映画の『四大巨匠』の一人」などと紹介されているが、もともと俳優で、その後、長い助監督時代を経て、監督も務めるようになったというのが実情だ。

どんな内容だったかについては、劇場配布用のプログラムが比較的わかりやすく紹介している。

《時は敗戦直後。人々は打ちひしがれ、生活苦にあえいでいた。そんな人々に娯楽を届けるカストリ雑誌記者の汐路タカ。

彼女はある日、地方都市のベンチで居眠りをする初老の男を発見する。そのおかしな男を放っておけず仕事部屋に連れて帰るタカ。どこか偉そう、ピントがずれてる。でも憎めない。おかしな男に惹かれていくタカ。

一方そのころ世間は陛下が失踪したという噂でもちきりだった。まさか、いや、でも…。真偽はともかく、似ているなら似ているで記事をでっちあげてしまおう。カストリ記者の本領発揮。タカはその男を連れまわし、ありとあらゆる娯楽、そして性の歓びを与え、写真を撮り記事にするのであったが…。》

映画『ローマの休日』にヒントを得ているのは明らかだった。『週刊新潮』は締切ギリギリになって脚本を入手したようで、記事でその内容を紹介していたのだが、脚本には『朕、人妻と密会す』というタイトルが付けられていたという。昭和天皇を思わせる初老の男性は、プログラムではこうも表現されていた。

《モデルがない某国の象徴としての王は、長年神として崇められていたが、敗戦を期に霊長類宣言をし、打ちひしがれ生活苦にあえぐ国民と直にお話しする為に巡幸していた。当作品は「蝶に夢を託して追う王が、その中で市井の女性に出会い愛することを知る」国家的ロマン喜劇大作である。尚今回の作品は、約50年ぶりの成人映画オールモノクロ作品である》

オールモノクロ作品であることを強調していることでもわかるように、この作品は、従来のパターン化したピンク映画の殻を打ち破ろうという意図が込められたものだった。もちろん映画の中ではモデルが昭和天皇であるなどとは一言も言われていないのだが、タイトルバックに天皇の写真がコラージュされていたり、『週刊新潮』にも試写を見た関係者の「どう見ても昭和天皇でした」というコメントが掲載されていた。

結果的に封印されてしまって批評の機会は奪われたのだが、かなりチャレンジングな映画だったことは確かなようだ。ただ、かつて講談社発行の『ペントハウス』が浩宮殿下の留学のルポを載せた時に、「裸雑誌で皇族を取り上げるとは何事か」と街宣車が押しかけた例でもわかるように、ピンク映画が昭和天皇のイメージを取り入れるというだけでも抗議がなされる恐れはあった。

問題は、そもそもピンク映画で知られる大蔵映画にとって、皇室タブーに触れるといったことの認識があまりなかったことだろう。ヘアが映っているかどうかに神経を尖らせることはあっても、皇室タブーに神経を尖らせることはなかったのかもしれない。ちなみにそういう映画に許可を与えたのはけしからんと右翼団体は映倫にまで街宣をかけたのだが、映倫も性表現や暴力表現については目を光らせるが、思想的な観点からの審査は基本的にやっていないのが実情だ。

映倫とはもともとそういう組織だから、『週刊新潮』が「審査の際、昭和天皇を模した人物について議論になったかどうか定かでない」と言及することの方が認識不足なのだが、結果的に映倫も右翼団体の抗議を受けることになってしまった。

## ピンク映画をめぐる産業的変化

そもそも大蔵映画といってもほとんどの人が知らないかもしれない。かつてピンク映画を劇場で見るという文化があった1960年代には、ピンク映画の代名詞のように言われたこともあった。新東宝代表取締役も務めた大蔵貢さんが62年に設立したもので、現在は息子の満彦さんが代表を務めている。

ピンク映画はその後、アダルトビデオに押され、さらに今はネット配信が主流で、その意味で大蔵映画は、古き時代の名残としてピンク映画を製作しているのが実情だ。デジタル化が主流になっている映画業界で、3〜4年前までフィルムが使われ、劇場で映写機を回すという昔ながらのやり方が続けられていた。上野や横浜などに直営館を持っているのだが、デジタル化に伴う設備投資が大変なこともあって、直営館も減っているという。

実はそういうピンク映画をめぐる産業的変化が、この事件の背景にも関わっているという指摘もある。業界に詳しい関係者がこう語ってくれた。

「3年前くらいから大蔵映画もデジタルに切り換えたのですが、それに伴ってハード面だけでなく体制も変わらざるをえない。制作・配給・興行という、それまでは別々だった組織が統合され、人間関係も変わっていきました。大蔵映画はいわば日本映画の大家族制のような雰囲気や、職人の集まりといった要素が残っていたところで、デジタル化されてからもアフレコといったやり方をしていた人もいます。そういうことに誇りを持つという職人気質が残っている一方で、このままではやっていけなくなるのは明らかなので、何か起死回生に挑まなくてはいけないという感覚も制作現場にはあった。今回の作品は、今までの大蔵映画にはなかったもので、たぶん大蔵映画がこれまでのようなことをやっていてはいけないんじゃないかという意識が背景にあった気がします」

そういう意識が伝わったのか、当初の内部試写では、作品を評価する声もあったという。もちろん昭和天皇という固有名詞はいっさい出さないようにとは当初から言われていたようだ。あくまでもフィクションだと強調しながら世に問うという方針だったのだが、現実はそうはいかなかったわけだ。

## 公開直前に内部から危惧する声が…

当初は、あくまでもフィクションであり特定の人物をイメージしたものではないという説明で公開に踏みきろうとしていた関係者の間で、様子が変わったのは2月16日の公開から1週間前の頃からだったという。チラシやツイッターで「全ての神経を研ぎ澄まして想像力を豊かにご覧ください！」などと挑発的な宣伝をしていたのに対して、ツイート削除の要請が出されたりし始めたという。

どうやら内部でもこのままではまずいのではないかという声が出始めたようで、そういう観点から作品をチェックする機会が設けられたりした。それまで内部試写は何度か行われていたのだが、前述した通り、直前になるまで皇室タブーに触れるのではないかという指摘はなかったらしい。

そして公開前日になって、危なそうな場面を削除し、再編集するらしいという噂が関係者の間に流れた。しかし、それは物理的に難しく、公開は延期された。

騒動が一気に拡大したのは『週刊新潮』が発売されてからだった。大きな特集記事だったうえに、冒頭に書いたように新聞広告をめぐって物議をかもすことになった。大蔵映画側はあくまでも昭和天皇という固有名詞は出さないという方針で行くつもりだったのに、『週刊新潮』はこの映画についての記事で、昭和天皇の写真を大きく掲げ、新聞広告に顔写真まで掲載していた。

大蔵映画としてはこの事態に慌てたようで、同誌発売の2日後に「上映延期ではなく、中止となっております。今後の上映予定はございません」という告知を行った。ホームページで告知するだけでなく、直営館に貼り紙も出した。そして不測の事態に備えて発売後の土日は、直営館そのものを休館にした。問題となった映画はもちろん上映されてはいないのだが、劇場そのものを休館にしたのだった。

その後、大蔵映画の目黒駅前の本社、直営館、さらには映倫にまで街宣車による抗議活動が始まったのは前述の通りだ。街宣は何度も繰り返して行われたという。

さらに荒木監督への仕事発注はなくなり、過去の作品のＤＶＤまで出荷中止、脚本に一部関わっただけという今岡信治監督への仕事発注も取りやめになったと言われる。

荒木監督の過去の作品の封印は、監督作品だけでなく出演作品まで及ぶという徹底ぶりらしい。明らかに過剰反応で、今後萎縮を生むのは明らかだ。ピンク映画に起きた事件ということで、映画業界でも、表現に関わる問題としてこの事件を取り上げようという動きは当初なかったが、さすがに過去作品まで封印という事態に、きちんと考えるべきだという声も一部に上がったようだ。

ただ『創』がこの件を誌面で紹介したところ、読者から「荒木監督の過去の作品が池袋で上映されていた」といった情報提供が複数あった。過去作品の封印といっても徹底するのは難しいということか。あるいは作品の封印と言われた現実に対して、反発した映画関係者がいたということだろうか。

## 終章

# 秋篠宮家長女結婚延期騒動

### 流れが変わった契機は『週刊女性』記事

秋篠宮家の長女、眞子さんと小室圭さんの婚約内定をＮＨＫがスクープしたのは２０１７年５月16日の夜だった。当初は宮内庁が否定したりと混乱が見られたが、他のメディアも一斉に報道を行ったことで、一気に日本中が祝賀ムードになってしまった。小室さんは「海の王子」などと、もっぱら好印象で報じられた。

本来はもう少し先に発表する予定だったらしいが、この報道先行型の騒動が、考えてみれば後の成り行きに影を落としたと言えるかもしれない。婚約内定発表は当初、７月８日に行われる予定だったが、豪雨災害があったため延期され、９月３日に行われた。

二人揃っての婚約内定会見では、眞子さんと小室さんが互いに相手を太陽と月にたとえたが、これも後に皇室周辺で、皇族が月で民間人の小室さんが太陽とは何事かと問題になったと言われる。表向きは祝賀ムードが続いたのだが、一方で、週刊誌が小室さんの家庭の話を報じ始めるなど、雲行きは次第に変わっていった。

秋篠宮家激震！
眞子さま
嫁ぎ先の〝義母〟が抱える
小室圭さんとの結婚に〝黄信号〟
借金トラブル
400万円超
『週刊女性』2017年12月26日号

流れが一気に変わったきっかけは『週刊女性』２０１７年12月26日号の「眞子さま嫁ぎ先の〝義母〟が抱える４００万円超〝借金トラブル〟！」という記事だった。小室圭さんの母親に対して、元婚約者男性が、それまでに渡したお金を返してほしいと言っているという話だ。男性は貸した金だというのだが、小室さん母子は借りたものではないと主張していた。婚約していた時期には男性は小室母子と家族同然の関係で、彼は圭さんの留学費用などを出していたらしい。圭さんは小さい頃父親を亡くし、母子家庭で育ってきた。決して裕福ではなかったのだろう。

貧しい中で息子を育て、その子が成長して皇族を嫁に迎える。書き方によっては美談になるところだが、週刊誌報道はほとんどネガティブなトーンだった。年が明けてから『週刊女性』の後を追う形で、『週刊文春』２月１日号「秋篠宮家眞子さま婚約者小室圭さんの憂い」、『週刊新潮』２月１日号「『海の王子』母親の４３０万円『援助交際』トラブル」と、報道が続いた。婚約者にお金を渡すのを「援助交際」とは普通呼ばないはずで、悪意がこめられているのは明らかだった。情報源は元婚約者男性なので、報道内容は各誌ほぼ同じだった。

気になるのは、そうした報道が、もっぱら小室家は眞子さんの嫁ぎ先としてふさわしいのか疑問を呈するという印象になっていることだ。『週刊新潮』には、皇族の配偶者の家族にも品位が必要だというコメントも掲載されている。

もちろん直接的には、婚約を解消した男性から情報を得ているため、情報源に引っ張られて小室家に批判的になったのだろうが、それだけではない。どうやらこのあたりから、皇室内外の保守的な立場からの、この結婚に反対する意向が浮上し始めたようだ。

それらのもとになったのは、小室家が母子家庭であることや、圭さんの父親の死が自殺だったらしいといった週刊誌の報道だが、恐らく宮内庁も小室さんの身辺調査を行ったのだろう。小室家に関する情報が次々と流出していった。小室家は皇族との結婚にふさわしいのか、という見方が広まっていったのである。

そして2018年2月6日、宮内庁は、眞子さんと小室圭さんの結婚の延期を発表した。結納《ゆいのう》にあたる「納采《のうさい》の儀」が3月初めに迫っていたから、延期発表にはぎりぎりのタイミングだったのだろう。突然の発表に日本中が驚いた。

結婚延期が公表されて以降、新聞・テレビは基本的に宮内庁発表以上の報道を行っていないのだが、それゆえに週刊誌は大々的な報道を展開した。しかもその時期、匿名の宮内庁関係者の証言が週刊誌にあふれることになった。

例えば『女性自身』2月27日号「結婚延期の真相と宮内庁の大失態！」では匿名の宮内庁関係者が「実は今回の決定は宮内庁では〝破談の序曲〟として認識されているのです」と語っている。

また『週刊女性』2月27日号「『結婚延期』の文言に隠された〝本当の意味〟！」では匿名の宮内庁幹部がこう証言している。

「当初、おふたりの結婚は〝無期延期になる〟と聞いていたので、期限つきの延期という発表に驚きました。再来年としたのは、小室さん側に対する配慮を含めた表現だったのだと思います。そもそも、陛下の〝了承〟が出ている事案を、皇室側から覆すのは好ましくありません。〝無期延期〟や〝破棄〟という言葉も非常に強い表現なので、小室さん側からの〝辞退〟を待つかたちでいったん、2年後に結婚するという発表にしたのではないでしょうか」

『週刊新潮』2月22日号「眞子さまサヨナラの胸の内」も「裏では〝ご破算〟へのシナリオがひそかに、かつ着実に進行しつつある」とリードに書いている。ここでも匿名の関係者が「宮内庁側としては、小室さん側から辞退を申し出てくれる方向に持っていくのが理想です」と述べている。

週刊誌は、「破談」の方向へ向けて走り出してしまったのだった。『週刊新潮』3月1日号など、「延期とは名ばかりの穏やかな破談に向けて台本が綴られ始めた」などと、もう破談は確定的という書き方だった。

## 騒動になった「眞子さまの反乱」

ゴールデンウイークを前後して話題になったのは、秋篠宮家が予定していた栃木県御料牧場への家族旅行を眞子さんが拒否したらしいという話題だった。『週刊新潮』5月3・10日号は、これを「ご静養旅行を拒む眞子さまの反乱」という見出しで報じた。結婚への反対の動きが出ていることに対する眞子さんの「反乱」だというのである。

その記事によると、5月3日から6日にかけて皇太子一家と秋篠宮一家が栃木県の御料牧場で静養することになったのだが、その旅行に眞子さんは同行しないというのだ。『女性セブン』5月10・17日号「眞子さまは反発！小室家『開き直り』と『解決金』」もこの話を取り上げ、眞子さんは、結婚延期を主導した母親に反発を強めていると書いている。

一般社会であれば、周囲が反対しようと本人同士が強く望めば結婚は成立するだろうが、皇室ではそうもいかないらしい。『週刊新潮』には、女性皇族の反応として、前年9月の婚約会見の時に、二人が小室さんを太陽、眞子さんを月にたとえたことに、皇族を一段下に見た表現ではないかと反発する声も出たと書かれている。

二人の結婚にさらに水を差すような報道も続いた。『週刊文春』5月3・10日号が大きく報じたのは「小室母子が見た修羅『父自殺』の真相」。小室さんが幼少の時に父親が自殺したという話はこれまでも一部週刊誌が報じていたが、同誌は徹底取材を試みたらしい。

2017年末に400万円余の借金を抱えているのではないかという報道が出て以来、小室家をめぐるネガティブな情報が次々と週刊誌に報じられた。そういう状況を受けて結婚が延期されたのだろうが、記事には匿名の皇室や宮内庁関係者の、結婚に反対するようなコメントがあふれていた。

しかも似たような話が幾つかの週刊誌に掲載されているから、皇室関係者から意図的なリーク（情報漏洩）が行われていた可能性も否定しきれない。

ちなみに『週刊新潮』が「眞子さまの反乱」と報じた、家族旅行に眞子さんが同行しないという話だが、実際には同行していた。『週刊新潮』は5月17日号で事実上の訂正報道を行うのだが、関係者がこうコメントしていた。

「一連の〝小室さん問題〟については、眞子さまご自身はもちろん、両殿下もあらゆる報道に目を通されています。もし報じられた通り、お一人だけ行かないとなれば、大きな波紋を呼ぶのは間違いない。そのあたりを勘案なさり、ご一家でいま一度お話し合いが持たれ、予定が変更されたというわけです」

つまり週刊誌が「眞子さまの反乱」と報道したために家族で話し合いがなされ、眞子さんが同行することになったというのだ。真相はわからない。でもこの経緯は、週刊誌報道が、進行しつつある状況に大きな影響を及ぼしていることを示したものだろう。

## 週刊誌報道に皇室が異例の見解を発表

それをさらに印象づけたのは、5月25日、宮内庁のホームページに異例の見解が示されたことだった。「眞子内親王殿下に関する最近の週刊誌報道について」と題する見解は、一連の報道に対して宮内庁が初めて公式にコメントしたものだった。しかも、その中でとりわけ注目されたのは、報道に事実と異なる点があると、美智子皇后が意思表示したと思われる記述があったことだ。

一部週刊誌では、美智子皇后が小室圭さんについて「あのような方で眞子は大丈夫なのでしょうか」などと不安を表明したかのように書かれてきた。つまり、眞子さんの結婚については、両親だけでなく、祖母にあたる美智子皇后も懸念しているという報道内容だった。だが、その宮内庁の見解で書かれていたのは、「これまで両陛下は共に首尾一貫このことに関し一切発言を慎まれてこられました」という記述だった。

天皇夫妻がこの問題についてどう考えているのか初めて示されたわけだ。見解には具体的にこんなふうに書かれていた。

「両陛下が第一に考えられたことは、これは眞子さまの内心に触れる事柄であり、何人といえども、恐らくはご両親殿下でさえ眞子さまのお考えを待つ以外おありでないということでした。そうした中、ご自分方として出来ることは、極力周囲の雑音から眞子さまを守り、静かな状況を保つ中で、眞子さまがご自分の考えを深められるよう助力なさるということでした」

つまり、天皇夫妻も秋篠宮夫妻も、基本的なスタンスは「眞子さまのお考えを待つ以外おありでない」というものだという表明なのだった。この見解が、どういう経緯で出されたのかは気になるところだが、いずれにせよ一部の週刊誌報道が、美智子皇后も孫の結婚に反対しているかのように書いていたことに、当人が異議申し立てを行ったというわけだ。

しかし、『週刊新潮』などは、その後も、美智子皇后が結婚に反対しているかのようなトーンの報道を続けていた。宮内庁が否定しているのにどうして?と同誌編集長に尋ねたところ、宮内庁は公式にはそう言っているが自分たちは情報に自信を持っているという返事だった。結局、真偽は不明だが、皇室が週刊誌報道を気にして目を通していることだけは確かなようだった。

## 小室圭さんの留学は「結婚への諦め」？

その後、噴出したのが、小室圭さんの留学をめぐる騒動だ。

小室さんが2018年8月からアメリカに3年間留学するという話が発表され、新聞・テレビで報じられた。3年は長いのでいったい結婚がどうなるのかと思った人は多いだろう。週刊誌は一斉に、この話の裏事情を報じていった。

例えば『週刊女性』7月17日号は表紙に「小室圭さん『アメリカ留学』決断の背景に眞子さま〝結婚への諦め〟！」なる見出しをぶちあげている。3年間の留学は、「結婚への諦《あきら》め」を意味するものだというのだ。『週刊文春』7月12日号「秋篠宮ご夫妻も愕然　小室圭さん裏切りのマンハッタン留学」によると、同誌は5月にこんな情報を得ていたという。「皇室には、小室さんを海外に行かせて、眞子さまとの結婚を自然消滅させようという考えもあるようです」

『週刊新潮』7月12日号でも関係者がこう語る。「国際弁護士という職を得て結婚を成就させたい小室家と、いわば〝所払い〟によって眞子さまと距離を置かせたい秋篠宮家の、当面の利害が一致しました。ですが、目指すゴールは違います。秋篠宮家にとっては〝自然消滅となれば大いに結構〟というお立場です」

後の展開を見れば、留学が即結婚破棄を意味するとは思えないのだが、この当時、そういう見方が噴出したのは、皇室関係で明らかにそういう見方をする人がいたからだろう。そうなることを期待して誰かが意識的に情報を流していた可能性も否定できない。

そして波紋はさらに拡大した。留学先の大学のホームページに小室さんが眞子さんの「フィアンセ（婚約者）」と紹介されたのだが、それを週刊誌が問題にして、宮内庁に問い合わせたらしい。その結果、7月16日、宮内庁は記者会にこう発表したのだった。

「日本の皇室においては、伝統的に『納采の儀』と呼ばれる儀式を経て婚約となることから、現時点においては婚約された状態ではなくフィアンセではありません」

そしてこう付け加えたという。「宮内庁としては、同大学の誤解を解くため、上記の内容をお伝えすることとしました」

『女性セブン』8月2日号によると、「婚約者」の一語が「宮内庁周辺の逆鱗《げきりん》に触れている」という。宮内庁は、大学側に小室さん本人がそう申告したに違いないと見ているようで、記事では匿名の人物がこうコメントしていた。「〝皇室を私的な利益のために利用した〟と受け止められても仕方ない」

## 日本と全く異なるアメリカメディアの報道

そうした流れの中で新たに話題になったのが、アメリカのメディアの報道だった。

『週刊文春』8月2日号によると、留学先の大学のホームページの「婚約者」の表記が、宮内庁の申し入れを受けて削除されるなどしている事態をアメリカのメディアが次々と報道。7月20日にはニューヨーク・タイムズも大きな記事を掲載したという。その内容は、同記事によると「小室さんを叩く日本のマスコミを批判し、逆に二人の結婚を応援する論調だ。『フィアンセ』の文言を削除させた、皇室や宮内庁の対応にも批判は及んでいる」というものだったという。

『女性セブン』8月9日号によると、ニューヨーク・タイムズにはこんな記述もあるという。「(小室さんの米国留学は) 宮内庁が国外に追放したか、メディアによる執拗な取材から逃げるために留学を決めたと推測」

小室圭さんの留学を、宮内庁による国外追放ではないかとし、その背景には日本のメディアの執拗《しつよう》な取材や報道があったと報じたというのだ。

これは皇室問題についての見方が日本と海外ではこんなに違うという興味深い事例だ。そもそも日本における小室バッシングは、借金を抱えているような小室家に対して、皇族に迎えるのにふさわしいのかという、一部皇室関係者の思いを反映させたものだ。

当事者二人が結婚を望んでいるのに、宮内庁がわざわざ留学先の大学にまで、正式な婚約者ではないと申し入れるという事態は、アメリカのメディアからすれば異様に見えたのだろう。ただそれだけでなく、気になるのは、日本で週刊誌が一色になって小室バッシングを続けているという現状だ。

『週刊文春』の記事を見ると「眞子さまと小室さんの結婚に対する抗議の声が宮内庁には殺到して」いるというコメントも載っている。週刊誌が毎週のように小室家バッシングを行っていることで、小室家に対するネガティブな見方が一般の人たちにも広がっているというわけだ。

そうした中で小室圭さんは8月7日、3年間の留学のためにアメリカへ出発した。そのタイミングで注目されたのは8月8日付朝日新聞が朝刊一面で「『納采の儀、現状では行えない』秋篠宮ご夫妻、小室さんに」という記事を掲載したことだった。それを後追いするかのようにその後、新聞・テレビが一斉に「納采の儀行えない」という報道を行った。正式な婚約にあたる「納采の儀」について、秋篠宮夫妻が、このままでは行えないと語っているという内容だ。

さらに言えばその前に7月31日発売の『週刊朝日』8月10日号が「『納采の儀は行わない』秋篠宮家がご決断か!眞子さま婚約〝破談〟へ」という記事を掲載していた。「〝破談〟へ」という見出しは、新聞社系週刊誌としてはかなり踏み込んだものといえる。

後の展開を考えると、どうやらこの時の報道の情報源は、秋篠宮本人かその周辺だったと思われる。というのも11月30日、誕生日を前にした会見で、秋篠宮自身が同じことを語ったからだ。発言はこういう内容だった。

《私は、今でもその二人が結婚したいという気持ちがあるのであれば、やはりそれ相応の対応をするべきだと思います。》《そしてそれとともに、やはり多くの人がそのことを納得し喜んでくれる状況、そういう状況にならなければ、私たちは、いわゆる婚約に当たる納采の儀というのを行うことはできません。》

この内容はマスコミが大々的に報じるところとなった。秋篠宮が公式にコメントしたものだっただけに、それは大きな波紋をもたらした。眞子さんや小室家にとっては、納采の儀を行うための条件を提示されたようなものだった。

そして2019年1月22日、突然、小室圭さんが母親の金銭トラブルに関する見解を公表した。母親の元婚約者が返せと言っている400万円超のお金は借金とは考えておらず、この問題は既に解決済という、これまで報じられてきた通りの主張なのだが、当事者が発表したことで大きく報道された。22日に小室さんが文書を発表するというのは、前日の21日夜8時過ぎに共同通信が速報で流し、マスコミは大騒ぎになったのだが、もしかして婚約破棄の発表ではと思った向きも少なくなかったのではないだろうか。一連の報道を見ていると、破談は必至という雰囲気が作られていたからだった。しかし、実はそうでなく、共同通信は同時に、関係者が眞子さんと小室圭さんの結婚への意思は固いと語っていることも報じていた。この関係者とは、その後も小室家側の代理人として発言を行う弁護士だが、当事者二人の決意が変わっていないことが明らかにされたことの意味は大きかった。

## 問題を提起した「佳子さまの乱」

さらに大きな話題になったのは、眞子さんの妹・佳子さんが、3月22日のICU(国際基督教大学)卒業の日に発したコメントだった。姉の結婚延期問題についての宮内記者会の質問に、妹はこう答えたのだった。

「私は、結婚においては当人の気持ちが重要であると考えています。ですので、姉の一個人としての希望がかなう形になってほしいと思っています」

多くのマスコミ報道ではカットされたが、その後にこうも述べていた。

「姉の件に限らず、以前から私が感じていたことですが、メディア等の情報を受け止める際に、情報の信頼性や情報発信の意図などをよく考えることが大切だと思っています。今回の件を通して、情報があふれる社会においてしっかりと考えることの大切さを改めて感じています」

これはなかなかすごい発言だ。小室家バッシングが吹き荒れる中で敢えてこう語るというのは、それなりの覚悟が必要だ。

「情報を受け止める際に、情報の信頼性や情報発信の意図などをよく考えることが大切だ」というのは、この間の週刊誌による小室家バッシング報道の背後に、眞子さんと小室さんの結婚に反対する皇室関係者の思惑があるのではないかとほのめかしたものだろう。

報道批判が含まれていたこともあってか、週刊誌の取り上げ方はいずれも佳子さんに批判的だった。典型は『週刊新潮』4月4日号「『佳子さま』炎上で問われる『秋篠宮家』の家庭教育」だ。

ネットで佳子さんの発言を非難している声を幾つも拾い上げ、こんな意見を紹介している。「一個人とは一般国民の立場においていう表現であり、皇室の方が使うべき表現ではありませんよね。（中略）秋篠宮の御教育が間違っていませんか」

記事中で佳子さんの発言について宮内庁関係者がこう語っている。「これは取りも直さず、ご両親への〝宣戦布告〟といっても過言ではありません」

『週刊文春』4月4日号も「奔放プリンセス佳子さまの乱　全内幕」という見出し。「姉妹でタッグを組み、ご両親に反旗を翻したともいえる」と書いている。女性週刊誌も概ね、同様のトーンだった。

この議論、実は象徴天皇制をめぐるなかなか本質的な問題を提起している。佳子さんの「結婚においては当人の気持ちが重要」「一個人としての希望がかなう形になってほしい」というのは、戦後教育を受けてきた者なら当たり前の認識だ。一方でそれに反対する「一個人とは一般国民の立場においていう表現であり、皇室の方が使うべき表現ではありません」という見方も、皇室をめぐる一定の日本人の気持ちかもしれない。

眞子さんの結婚をめぐる一連の騒動は、「結婚においては当事者個人の気持ちが大事」という個人主義と、皇室については一市民と異なり家系にこだわるのは当然という「家」を重んじる考え方との相克《そうこく》だったと言える。

皇室の伝統を重んじる立場からすれば、母子家庭で借金まで抱えた小室家は皇室と関わるのにふさわしくない、という見方が、結婚反対の論拠となる。結婚が当事者の意思にそってなされるべきというのは、一個人なら当然だが、皇室は別だという考え方だ。

## 象徴天皇制をめぐる本質的な問題

考えてみれば雅子妃の適応障害問題も同様だった。キャリアウーマンとして育ってきた雅子妃が、皇室に入ったとたんに、「跡継ぎを産むのが最大の務め」という皇室の伝統的考えとの軋轢《あつれき》を感じ、それが長く続くことが変調をもたらした。眞子さんも、このままの状態が長く続いたり、結婚が破談になったりした場合は、自分自身が否定されたという思いがトラウマになってしまう可能性がある。

そもそも雅子妃も眞子さんも佳子さんも女性の人権について学んできたはずで、男女平等や個人主義の思想を持っていて当然だ。それと皇室の伝統との折り合いをつけながら生きていかねばならないのだが、その軋轢や相克が高じていくと、自己を否定されたようなトラウマを当然抱えることになる。

ことに雅子妃のような悲劇が続くと、今後、皇室に嫁ぐ女性を見つけるのが極めて困難になる。だから雅子妃と眞子さんの問題は、象徴天皇制というシステムに起こるべくして起きた問題といえる。宮内庁や皇室伝統を重んじる保守派は、天皇制存続の為に良かれと思ってふるまっているのだろうが、いかに皇室といえど、時代との折り合いをある程度つけていかないと、存続の危機に陥りかねないことも知っておくべきだと思う。

市民社会においては、結婚にあたって当事者個人の意思と、両家の「家」の意思のどちらをとるかとなれば、明らかに前者だろう。個人の結婚に家柄などを持ち出して反対するのは、市民社会においては「時代遅れ」の烙印《らくいん》を押されることだろう。

しかし、ことが皇族となるとそうはいかない。まだ多くの日本人の中に、皇室においては個人主義的な志向が制限されてもやむを得ないという思いは強く残っているようだ。逆に自分の思いを貫こうとする眞子さんを諫《いさ》めるべきだと考える人も少なくないらしい。前出『週刊新潮』の見出し「『佳子さま』炎上で問われる『秋篠宮家』の家庭教育」がそれをよく示している。

一連の眞子さんと小室圭さんの結婚延期騒動は、背景に、象徴天皇制が歴史の流れとどう折り合いをつけていくべきかという、本質的な問題を提起している。

さらに最近では、女性・女系天皇問題、あるいは女性宮家創設問題に、この婚約延期問題が結び付けて論じられることもある。例えば『女性自身』5月28日号「小室圭さん、眞子さまも知らない厚顔野望『宮家の殿下に！』」だ。そこでは、女性宮家創設となれば、「小室さんが皇族になる可能性が生じるのです」と語られ、それが「厚顔野望」と表現されているのだ。週刊誌はこれまで、さんざん小室圭さんはいかにダメな人間かを流布し、それによって作られたイメージをもとに、今度は「こんな人が皇族になる可能性が」と、女性宮家創設問題の議論にそれを持ち出しているのだ。

一連の眞子さん結婚延期騒動において、週刊誌はほとんど一色となってキャンペーンを張ってきた。その異様さもさることながら、気になるのは、そのスタンスが一貫して宮内庁ないし皇室の保守派に寄り添っていることだ。

それは、かつての美智子皇后バッシング、雅子妃バッシングと同じく、常に週刊誌のキャンペーンが一定のスタンスに立ってきたことと軌を一にしている。

確かに市民社会における個人主義をそのまま皇室に当てはめるわけにはいかないかもしれない。象徴天皇制というのは特別なシステムだ。でもそうだとしても、この一色のキャンペーンは異様ではないだろうか。

マスメディアはいまだに「皇室タブー」の呪縛から逃れられていないように思えるのだ。

# あとがき

『週刊文春』２０１５年11月12日号が「天皇『式辞ご中断』事件」という記事を掲載している。同年10月25日に富山県で開催された「全国豊かな海づくり大会」での話を取り上げたものだ。

それは、大会終了直前、県議会議長が閉会の言葉を述べようとした時に起きた。ステージ上の天皇夫妻に対して議長が一礼をしたところ、天皇が議長を手招きしたという。進行予定になかったことなので議長がひどく動揺しながら歩み寄ると、天皇は「最優秀作文の発表は終わりましたか」と尋ねた。議長はさらに驚き動揺したらしい。なぜならば、最優秀作文の発表は、その大会のメインイベントで、30分前に終わっていたからだ。その様子を見ていた会場全体が「何事か」と緊張感に包まれ、一瞬の静寂の後、ざわめきが起きたという。

このハプニングはさすがに取材していた記者の間で話題になり、終了後の県庁と宮内庁による合同記者会見で質問も出たという。ただ同誌記事に登場する匿名の宮内庁担当記者は「非常にデリケートな問題であり、やむを得ず報道するのを見送りました。各社ともそう判断したのだと思います」とコメントしている。

実は同年8月15日の全国戦没者追悼式でも、天皇が「お言葉」を読み上げる手順を間違えるハプニ

『週刊文春』2015年11月12日号

ングがあった。こうしたことが続いたことを宮内庁関係者の間では深刻に受け止める向きもあったようだ。前出『週刊文春』記事も、当時81歳の天皇は「直近のご予定をお忘れになることもある」という、関係者のコメントを紹介している。

80代の高齢になれば、一般の社会でも物忘れがひどくなることは不思議ではない。そう考えれば当たり前のことなのだが、ことが天皇となれば、そういうハプニングに直面した関係者は、こわばってしまうに違いない。そもそも『週刊文春』の記事自体、見出しが「天皇『式辞ご中断』事件」。一般社会ならよくある高齢者の物忘れも、ことが天皇となると、「事件」になってしまうのだ。

１９８０年代末に昭和天皇が倒れて病状が報道された時、天皇の身体に関する情報が逐一報じられることを、一定年齢以上の世代は驚きをもって受け止めた。何せ昭和天皇は、現人神《あらひとがみ》だった存在だから、身体に関するディティールが公開されることはそれまでなかったのだ。病状が報道されるのを見ながら、ああ天皇も同じ人間なのだなと感慨を抱いた人も少なくなかったと思う。

代替わりで上皇となった平成の天皇の場合、行事において失敗が続いたことも、生前退位を考えるひとつのきっかけになったらしい。２０１５年12月の誕生日の会見で、「年齢というものを感じることも多くなり、行事の時に間違えることもありました」と自ら語った。天皇自身が自ら失敗もあると語ってくれると、それ以降は周囲もこわばらなくてすむようになる。天皇が自らそれに触れたのは、そういう配慮からだろう。

昭和天皇が病気で倒れた時に、日本列島が異常な自粛ムードに包まれたことがあった。各地の祭りは軒並み中止となり、「元気ですかー」と明るく叫ぶようなCMも放送中止となった。そうした異常な自粛に対して、行き過ぎるのはよくないと敢えて発言したのも現在の上皇だった。

天皇に対して日本社会が異様なこわばりや緊張を感じてしまうというのは、特別な存在だという畏敬の念があるからだが、この日本人の感覚は、皇室の伝統を守ろうという意識にもつながるし、ある意味ではタブーにもつながる。

上皇は、30年前の天皇即位の時に憲法を守るという発言をしたり、被災地で床に膝をついて住民に言葉をかけたり、さらに沖縄や東南アジアの戦争の跡地に慰霊の行脚を行うなど、ある種の意思に基づくと思われるふるまいをされてきた。

生前退位もそうだが、天皇自らのそうした意思に、国民の支持が寄せられているのも事実だ。特に平和を尊ぶ意思は子や孫を含めた天皇家全体に貫かれているようで、安倍政権による再軍備のきな臭い動きが目につく現代においては、天皇家に対する支持がさらに高まっているように見える。

ただ、戦後の象徴天皇制という仕組みに様々な矛盾が内包されているのも確かだ。雅子妃の適応障害の問題や、今起きている秋篠宮家長女の結婚騒動など、いずれも皇室を支える伝統と個人主義の相克という問題を背景にしており、象徴天皇制の本質的矛盾に根差したものと言える気がする。

　象徴天皇制そのものがアンビバレンツな面を抱えているというのは、皇室報道の持っている二律背反と合わせ鏡のような関係かもしれない。例えば本書で何度も取り上げた『週刊新潮』の皇室報道だ。『パルチザン伝説』事件や「皇室寸劇」事件など、同誌が「不敬ではないか」と煽って、右翼が出版社に押しかけるきっかけを作ることが度々あった。でも一方で同誌は、皇室タブーに果敢に踏み込んでいると言われるような報道も過去行ってきた。

　例えば1996年4月18日号の「秋篠宮殿下　度重なる『タイ訪問』に流言蜚語」という記事だ。当時の秋篠宮がナマズの研究で頻繁にタイを訪問しているのを取り上げ、タイに親しい女性がいるのではないかという噂があることを紹介しているのだ。

　流言《りゅうげん》蜚語《ひご》だと否定する体裁はとっているものの、そういう噂話を掲載すること自体、同誌の基準で言えば十分に「不敬」ではないだろうか。本書第1章に紹介した、皇族の夜の銀座の武勇伝も、『週刊新潮』以外ではお目にかかれない記事かもしれない（実際、右翼の激しい抗議に見舞われたことは紹介した通りだ）。

『週刊文春』1991年6月20日号

　アブナイ話を紹介しながら、これは皇室の尊厳を守る立場から敢えて記事にするのだと強調するとか、海外メディアがこう報じているという体裁にするとか、そういうレトリックを駆使しながら踏み込んだ話を比較的書いてきたのが『週刊新潮』だった。

皇室絡みのタブーすれすれの話をどう報道するかというのは、編集者の力量が問われる事柄だ。例えば現在は月刊『Ｈａｎａｄａ』編集長である花田紀凱さんが、かつて『週刊文春』編集長時代に掲載した「浩宮さまへアースタイル改造計画」（同誌91年6月20日号）など、その典型と言える。

弟が先に結婚してしまい、まだ婚約に至っていなかった皇太子のために、女性にもてそうなヘアースタイルを合成写真で10パターン紹介し、女性読者１００人にどれがよいかアンケートをとるという企画だった。まさにアブナイ綱渡りのような企画だが、敢えて『週刊文春』のグラビアでトライしたのだった。今はもっぱら言論界で「右の人」と分類される花田さんだが、この企画など皇室タブーの存在を逆手にとったもので、花田さんの編集手腕を窺わせる特筆すべきものだったと思う。

皇室タブーは、長い間、「最後のタブー」と言われてきた。何がタブーかというのは時代の変遷とともに変わっていくのだが、皇室タブーだけはずっと存続し、立場が分かれる右翼陣営もこのテーマだけは一致して行動すると言われてきた。

ただ、その皇室タブーをめぐっても、右翼陣営の中でいろいろな変化が起きているようだ。

２０１５年、当時、ＩＣＵの学生で、そのファッションが話題になるなどフィーバーを巻き起こしていた秋篠宮家の次女、佳子さんに対して、ネットに脅迫的言辞を書き込んでいた40代の男が逮捕された。驚いたことに、その男は、いわゆるネトウヨだった。前年２０１４年の朝日新聞バッシング騒動で朝日を攻撃するなどしていたという。

それがなぜ皇族を脅迫したのかというと、彼の書き込みはこういう文言だった。「佳子を韓国人の手で韓国人の男に逆らえないようにしてやる。ＩＣＵには同士の仲間がたくさんいるからな」。つまりこの男は、韓国人を装って「反日的」な書き込みを行い、「スレッドを盛り上げる」のが目的だったというのだ。ネトウヨの手の込んだ行為だったのだ。

でも、たとえそうだったとしても、それまでの右翼だったら、皇族を脅迫するという発想はしなかったはずだ。ネトウヨと既成右翼の区別も最近はなくなりつつあるが、右翼の原点は皇室ないし天皇制に対する尊崇の念、と言われた常識は崩れつつあるのかもしれない。

ちなみにこの事件は当初の報道では脅迫文の「韓国人の手で韓国人の男に」という箇所が伏せられていたものも少なくなかった。日韓のナショナリズムを悪用して騒ぎを起こそうとした犯罪だったために、どう報道すべきかマスコミも苦慮したらしい。

第15章で取り上げた、右翼が右派雑誌『ＷｉＬＬ』を襲撃した事件も、右翼ないし右派陣営の間で天皇制や皇室に対する捉え方に様々な違いが出てきている状況を示すものと言えよう。

右翼左翼といった分け方もかつての物差しがあてはまらなくなっている現代において、皇室ないし象徴天皇制がどういう立ち位置を保っていくのか。そもそも象徴天皇制とはどういうものなのか。代替わりを機に、もう一度議論してみるべきではないかと思う。

最後に、本書の皇族の敬称表記について少し書いておこう。皇族についての敬称表記、いわゆる「皇室敬語」をどう扱うかは、昔から議論されてきたことだ。昭和天皇が亡くなった時には、「崩御」

という表現を使うかどうかで新聞界では大きな議論が起きた（結局、殆どの新聞が「崩御」と報じたが）。

現状においては、皇族には特別な敬称や敬語を使うが、二重敬語など過度にならないよう注意するというのが基本だ。新聞社などの報道マニュアルでは皇室敬語についても特別に説明がなされている。

このところ目立つのが「さま」という敬称だ。秋篠宮家の家族が話題になることが多くなったこともあって、とにかく皇室報道ではやたらと「さま」をつけた記事が多い。「様」という市民社会で使う表記でなく、皇族には平仮名の「さま」をつける。こうすると天皇皇后であれ内親王であれ、わかりにくい表記に苦慮することなく全て「さま」で済んでしまうから多用される傾向があるのだろう。週刊誌では一つの記事に「さま」が氾濫していることもある。

私もこの1~2年、秋篠宮家の長女の結婚騒動については東京新聞の連載コラム「週刊誌を読む」（北海道新聞や中国新聞などにも転載）で相当書いてきたので、新聞社の基準に応じて「さま」を使ってきた。『創』でも、一般にそう表記されているということから「眞子さま」「佳子さま」という表記を使っている。

新聞社によっては、社外執筆者の署名記事の場合は、書き手の意向を尊重して、そのつど担当デスクとの話し合いがなされ、社外執筆者がどうしてもという場合は、社内基準とは異なる表記がなされることもあるらしい。ただ、私の場合は、東京新聞などの連載では、その都度議論を始めるとデスクに負担がかかると考え、基本的に媒体の基準に従っている。

念のためネットで検索したところ、「眞子さま」でなく「眞子さん」という敬称を使っているのは、例えば私とも知り合いである元『週刊現代』編集長の元木昌彦さんだった。本人に聞いたところ「昔から〝さま〟といった敬語は使ってないし、特に問題になったこともないよ」とのことだった。確かに、以前の方が、今のように画一的に皇室敬語が使われる状況ではなかったような気もする。

皇室敬語については読んでいて違和感があるかどうかも勘案する必要があるし、報道に携わる者の間でもいろいろな意見がある。そうしたことも念頭に置いたうえで、本書では「眞子さん」「佳子さん」と表記することにした。週刊誌などの引用部分は「眞子さま」だからちょっと悩ましいところもあるのだが、とりあえずそうすることにした。

よく問題になるのが、海外の王族が来日して日本の皇族と会った場合の報道だ。海外の王族は「夫妻」で日本の皇族は「ご夫妻」と表記されるから、それがひとつの記事内で書かれると違和感を覚える。このケースは新聞社などで以前からよく議論になった。

皇室敬語をどう考えるかというのは、皇室について報じる時に、取材対象とどういう距離をとるかという問題と関わっている。だから何でも安易に「さま」をつけて済ませるのでなく、その都度悩むというのは必要なことかもしれない。本書では以上のような考えで表記を行ったことを最後に書いておくことにする。

# 皇室タブー

2019年7月29日　初版第1刷発行

著者……篠田博之
発行所……(有)創出版
〒160-0004 東京都新宿区四谷2-13-27　KC四谷ビル4F
電話　03-3225-1413
FAX　03-3225-0898
http://www. tsukuru. co. jp
mail@tsukuru.co.jp
印刷所……モリモト印刷(株)
装幀……鈴木一誌

ISBN978-4-904795-58-3